RAJNEESH
VERLAG · KÖLN

Bhagwan Shree Rajneesh ist ein Erleuchteter Meister unserer Zeit.
Alle hier gedruckten Worte sind gesprochene Worte,
aus dem Stegreif an eine anwesende Hörerschaft gerichtet.
Die Übersetzung sucht dem
freien Vortragsstil möglichst genau Rechnung zu tragen.

# Bhagwan Shree Rajneesh

# über PRIESTER & POLITIKER

## Die Mafia der Seele

Am 15. und 16. März 1987 antwortete
Bhagwan Shree Rajneesh auf fünf zusammenhängende Fragen
über Politik, Religion und die drohende
Selbstzerstörung der Menschheit. Seine Antworten hierauf
bilden *Teil Eins* dieses Buches.

Im *Teil Zwei* wird dieser Themenkreis weiter untersucht, mit Texten,
die meist aus dem gleichen Zeitraum stammen.

Deutsche Erstausgabe: September 1987
Rajneesh Verlags-GmbH
Venloer Str. 5 –7
5000 Köln 1



Printed in Germany
ISBN 3-925 205-27-6

# TEIL I

*„Alles Neue, was man so hört,*
*verkündet nur Leid für die Zukunft."*
Jalaluddin Rumi, Anatolischer Mystiker
(1207 – 1274)



# TEIL II

*„Hier drinnen haben wir einen sanften Garten."*
Jalaluddin Rumi

# TEIL I

*„Alles Neue, was man so hört,*
*verkündet nur Leid für die Zukunft.“*
Jalaluddin Rumi

# Politik und Religion

*Bhagwan,*

*Premierminister Rajiv Ghandi möchte,*
*daß im ganzen Land*
*über die Notwendigkeit einer Trennung von*
*Politik und Religion debattiert wird.*
*Wir würden gerne hören:*
*Was ist Deine Sicht zu dieser Frage?*

POLITIK IST WELTLICH – die Politiker sind die Diener des Volkes. Religion ist heilig – sie weist den Weg für das geistige Wachstum des Menschen. Und Politik kommt ganz gewiß im Reich der Werte zuunterst. Politik und Religion *sind* getrennt.

Rajiv Ghandi möchte, daß Religion sich nicht in Politik einmischt: Ich möchte, daß Politik sich nicht in die Religionen einmischt. Das Höhere hat alles Recht, sich einzumischen; das Niedere hat dieses Recht nicht.

Religion hat seit eh und je das menschliche Bewußtsein gehoben. Was immer der Mensch heute ist – so wenig Bewußtsein er auch haben mag – das ganze Verdienst gebührt der Religion. Politik ist seit jeher ein Fluch, eine Katastrophe, und für alles Häßliche, was es in der Menschheit gibt, trägt die Politik die Verantwortung.

Doch das Problem ist, daß Politik die Macht hat. Religion hat nur die Liebe, den Frieden und die Erfahrung des Göttlichen. Die Politik hat es leicht, sich in die Religionen einzumischen, und sie hat sich seit jeher in einem solchen Ausmaß eingemischt, daß viele religiöse Werte zerstört worden sind, Werte, die für das Überleben der Menschheit und allen Lebens auf dieser Erde absolut notwendig sind.

Religion hat keinerlei weltliche Macht – wie Atomwaffen und Bomben und Gewehre; ihre Dimension ist eine ganz andere. Religion ist nicht Wille zur Macht: Religion ist Suche nach Wahrheit, nach Gott. Und schon das Suchen macht den religiösen Menschen bescheiden, einfach, unschuldig.

Politik besitzt alle Zerstörungsmittel – Religion ist ganz und gar verwundbar. Politik hat kein Herz: Religion ist reines Herz, sie ist wie eine schöne Rose – ihre Schönheit, ihre Poesie, ihr Tanz machen das Leben lebenswert, geben dem Leben Sinn und Bedeutung. Politik ist wie ein Stein – tot. Doch der Stein kann die Blume zerstören, die Blume kann sich nicht wehren. Und Politik ist aggressiv.

Rajiv Gandhi stellt die Dinge auf den Kopf. Er will, daß die Religionen sich nicht in die Politik einmischen. Die Politik soll das uneingeschränkte Monopol haben, die Menschheit zu unterjochen, die Menschen zu Sklaven zu erniedrigen, ihnen ihre Freiheit zu nehmen, ihr Bewußtsein zu zerstören, sie zu Robotern zu machen, so daß die Politiker in den Genuß von Macht und Herrschaft kommen.

Religion ist für Politiker das einzige Problem. Sie entzieht sich ihrem Zugriff und entzieht sich ihrem Verständnis. Religion ist der einzige Bereich, in den sich die Politik auf keinen Fall einmischen darf. Denn Religion ist die einzige Hoffnung.

Politik hat seit Jahrhunderten bloß getötet, Menschen vernichtet – die gesamte Geschichte der Politik ist eine Geschichte von Verbrechern, von Mördern. In 3000 Jahren haben die Politiker 5000 Kriege angezettelt. Es scheint, der barbarische Instinkt ist im Politiker sehr mächtig. Seine einzige Freude ist es, zu zerstören, zu herrschen.

Religion stellt sich dem in den Weg; denn Religion hat der Welt die höchsten Gipfel des Bewußtseins geschenkt – einen Gautam Buddha, einen Jesus, einen Chuang Tzu, einen Nanak, einen Kabir. Diese Menschen sind das eigentliche Salz der Erde. Was hat die Politik der Welt geschenkt? Dschingis Khan? Tamerlan? Nadir Schah? Alexander? Napoleon? Ivan den Schrecklichen? Josef Stalin? Adolf Hitler? Benito Mussolini? Mao Tse-Tung? Ronald Reagan? – Das sind alles Verbrecher. Statt an der Macht zu sein, sollten sie hinter Schloß und Riegel sitzen; sie sind unmenschlich.

Und diese Leute sind spirituell krank. Der Wille zur Macht und zum Herrschen entspringt nur einem kranken Hirn. Er entspringt dem Minderwertigkeitskomplex. Leute, die nicht unter Minderwertigkeitskomplexen leiden, die kümmert Macht überhaupt nicht. Ihr ganzes Streben ist auf Frieden gerichtet, denn der Sinn des Lebens offenbart sich nur im Frieden – mit Macht geht es nicht. Friede, Stille, Dankbarkeit, Meditation – das sind die wesentlichen Züge von Religion.

Man darf nicht zulassen, daß die Religion von dummen Politikern tyrannisiert wird. Das wäre so, als würden die Kranken versuchen, die Ärzte zu tyrannisieren und ihnen vorzuschreiben, was sie zu tun und zu lassen haben. Richtig – die Kranken sind in der Überzahl; aber das heißt nicht, daß der Arzt von der Mehrheit tyrannisiert werden darf. Der Arzt kann die Wunden heilen, kann die Krankheiten der Menschheit heilen. Religion ist der Arzt.

Die Politiker haben genug Unheil angerichtet, und sie führen die ganze Menschheit dem globalen Selbstmord entgegen. Und dennoch hat Rajiv Gandhi die Stirn zu sagen: „Die Religion darf sich nicht einmischen" – wo alles Leben auf diesem Planeten in Gefahr ist! Und nicht nur der Mensch. Auch die unschuldigen Vögel und ihre Lieder, die stillen Bäume und ihre Blüten – alles, was lebt.

Die Politiker haben es geschafft, genügend destruktive Energie zu erzeugen, um alles Leben auf der Erde zu zerstören, und sie stapeln ständig mehr und mehr Atomwaffen. Tatsächlich gab es schon vor drei Jahren genug Atomwaffen, um jeden Menschen siebenmal zu zerstören, um die ganze Erde siebenmal zu zerstören, oder um sieben Erden zu zerstören. Der Mensch stirbt nur einmal. Wozu also so viel zerstörerische Energie anhäufen?

Alle Politik beruht auf Lügen.

Erst neulich... ich konnte nicht glauben, wie ein Mann im Vollbesitz seiner Geisteskräfte so etwas von sich geben kann... jedenfalls hat Ronald Reagan eine Erklärung abgegeben; er hatte vor dem Senat ständig geleugnet, daß einige Länder je mit Waffen beliefert worden wären.

Und nun hatte die Untersuchung ergeben, daß er ständig gelogen hatte – zwei Jahre lang ständig gelogen. Arme Länder sind mit Vernichtungswaffen beliefert worden, und nicht in geringem Maße, sondern in großen Mengen. Die Tatsachen liegen nun vor, und Ronald Reagan mußte eine Erklärung abgeben, und die Erklärung, die er abgab, hat mich zum Lachen gebracht... so lächerlich!

Er sagte: „In meinem Herzen weiß ich noch immer, daß ich nur die Wahrheit gesagt habe. Doch die Fakten, die man aufgedeckt hat, bezeugen, daß es eine Lüge war. In meinem Herzen glaube ich nach wie vor, daß ich die Wahrheit gesagt habe." Er akzeptiert die Fakten, und gleichzeitig sagt er: „In meinem Herzen glaube ich noch immer, daß ich nur die Wahrheit gesagt habe, auch wenn die Fakten das Gegenteil beweisen."

Politiker leben von Lügen. Politiker leben von Versprechungen, doch werden diese Versprechungen nie erfüllt. Sie sind die unqualifiziertesten Leute auf der ganzen Welt. Ihre einzige Qualität besteht darin, die armen Massen zum Narren halten zu können, oder in armen Ländern die Wählerstimmen der Massen kaufen zu können. Sobald sie einmal an der Macht sind, vergessen sie völlig, daß sie Diener des Volkes sind. Sie fangen an, sich aufzuführen wie die Herren des Volkes.

Was wissen sie von der inneren Welt des Menschen? Was wissen sie von Glückseligkeit, von Göttlichkeit? Trotzdem verlangen sie, daß die Religion sich nicht in die Politik einmischen soll. Und was ist mit ihnen? Sie sollen die Religion beeinflussen dürfen? Soll das Niedrigere über das Höhere herrschen? Soll das Weltliche über das Heilige herrschen? Das wäre das endgültige Unglück der Menschheit.

So wie ich die Dinge sehe, sollten alle Politiker Meditierer werden, sollten sie etwas von der inneren Welt wissen, sollten sie bewußter, mitfühlender sein, sollten sie den Geschmack der Liebe kennen, sollten sie die Stille der Existenz erfahren haben und die Schönheit dieses Planeten und die Gaben der Existenz. Und sie sollten lernen, bescheiden und dankbar zu sein.

Religion sollte die Lehrerin aller Politiker sein. Solange die Politiker nicht auch ein wenig Religiosität haben, hat die Menschheit keine Zukunft. Die Religion muß sich bei den Politikern einmischen. Wenn sich die Religion nämlich nicht bei den Politikern einmischt... die Politiker sind blind, sie haben keine Augen, sie sind taub, in ihrem Kopf ist es nie still genug, um die Wahrheit zu hören.

Doch warum macht sich Rajiv Gandhi Gedanken darüber, daß Religion und Politik getrennt sein sollten? Politik, das ist etwas Kleines. Religion, das ist die ganze Evolution des Menschen. Politik sollte nur einen kleinen Bereich im riesigen Raum religiöser Erfahrung einnehmen. Es bedarf keiner Trennung. Doch der Politiker, weil er an der Macht ist, wird so egoistisch, daß er sich nicht vorstellen kann, zu jenen demütigen, einfachen, aber weisen Menschen zu gehen.

Die Probleme nehmen immer mehr zu. Die Politiker haben sich als unfähig erwiesen, sie zu lösen. Aber sie gehen nicht zu den Leuten, die ihnen Anleitung geben können, die ihnen Rat geben können, die die nötige Klarheit haben.

Ich bin kein Politiker. Ich habe nie in meinem Leben gewählt, und ich werde auch nie wählen. Denn was soll es, zwischen zwei Schimpansen zu wählen, nur weil sie verschiedene Fähnchen hochhalten, nur weil sie verschiedene Abzeichen tragen? Schimpansen bleiben Schimpansen.

Was die Politiker brauchen, ist einen tiefen Respekt für Religion, für religiöse Menschen; denn eins ist sicher: Religiöse Menschen werden keinen Wahlkampf führen. Kein religiöser Mensch wird um Stimmen betteln. Er hat grundsätzlich kein Verlangen, sein Ego zu befriedigen oder Unterlegenheitsgefühle zu vertuschen. In seiner Stille, in seinem Frieden, in seiner Seligkeit hat er die höchste Überlegenheit erfahren. Jetzt gibt es nichts, was größer wäre als dies, nichts, was höher wäre als dies. Er ist zum Tempel geworden. Sein Gott ist im Herzen seines Seins.

Der Politiker lebt vom Krieg, lebt vom Aufwiegeln, lebt von Unruhen – davon ernährt er sich. Adolf Hitler schreibt in seiner Autobiographie: „Nur wenn man Feinde hat, kann man ein großer Führer werden. Und wenn du keine Freunde hast, dann schüre die Vorstellung, daß das Land in Gefahr ist. Denn wenn die Leute Angst haben, sind sie bereit, zu Sklaven zu werden. Wenn die Leute Angst haben, sind sie bereit, den Politikern zu folgen."

Obwohl er ein Wahnsinniger war, sagte er doch manchmal Dinge von großer Wichtigkeit. Er sagte: „Die größten Führer der Menschheit werden in Kriegszeiten geboren." Also kannst du nur ein großer Führer werden, wenn es einen großen Krieg gibt. Nur um dir den Wunsch zu erfüllen, ein großer Führer zu sein, mußt du Millionen von Menschen töten. Und er hat Recht: In Friedenszeiten brauchen die Leute niemandem zu folgen, erheben die Leute den Führer nicht fast zum Gott und sein Wort zum Gesetz!

Die Politiker versuchen auf jede erdenkliche Weise, ganze Länder in Schrecken zu halten. „China stationiert Atomwaffen an der indischen Grenze! Pakistan zieht Streitkräfte an der indischen Grenze zusammen!" Die indischen Politiker behaupten ständig, daß es so sei. In Pakistan behaupten sie ständig, daß Indien an Pakistans Grenzen Streitkräfte zusammenzieht. In China behaupten sie, daß Indien dabei ist, Atomwaffen herzustellen. Im Parlament dagegen heißt es immer wieder: „Wir stellen überhaupt nichts her." Doch das ist absolut gelogen.

Der chinesische Führer muß das chinesische Volk in Angst halten. Der indische Führer muß das indische Volk in Angst halten. Die pakistanischen Führer müssen das pakistanische Volk in Angst halten.

Auf eurer Angst beruht ihre Macht.

Je mehr sie euch Angst machen, desto mächtiger sind sie. Außerhalb des Landes wecken sie falsche Vorstellungen, und auch im Innern geben sie keine Ruhe: Zusammenstöße zwischen Hindus und Mohammedanern, zwischen hindisprachigen und nichthindisprachigen Leuten... Sie wollen, daß ihr ständig für irgendetwas kämpft, egal wie banal. Solange ihr mit Kämpfen beschäftigt seid, sind sie an der Macht. Wenn ihr aufhört zu kämpfen, ist ihre Macht hin. Das ist ein schmutziges Spiel.

Es gehört zu den Pflichten religiöser Menschen, über aller Politik zu stehen und die Menschen zu kreativen Werten hinzuführen, zu mehr Menschlichkeit. Ja, würden die Religionen nur dies eine verstehen: daß die ganze Menschheit eins ist, und daß wir keine Nationen brauchen, dann würden alle diese Zwerge von Politikern verschwinden.

Aber das Seltsamste ist, daß die Politiker immer wieder fordern, daß Religion und Politik getrennt sein sollen. Warum? Warum sollte die Wahrheit von der Politik getrennt sein? Und warum sollte die Liebe von der Politik getrennt sein? Warum sollte das meditative Bewußtsein von der Politik getrennt sein? Warum sollte ein Herz voller Gebet von der Politik getrennt sein?

Ja, ich verstehe: Religion *sollte* getrennt sein – aber in dem Sinne, daß sie höher steht. Der Politiker braucht psychologische Behandlung, und er braucht spirituelle Behandlung, und er sollte sich den Rat bei den religiösen Menschen holen. Das war einmal so in alten Zeiten. Wir haben solche Zeiten gekannt. Jene goldenen Tage sind noch in der Erinnerung lebendig. Es gab eine Zeit, wo Könige in den Wald zogen, um Bettlern, die nichts besaßen, ihren Respekt zu erweisen und sie um Rat zu fragen.

Könige berührten die Füße derer, die sich selbst verwirklicht hatten; denn schon ihr Segen genügt, um euch zu verwandeln. Politik ist funktional, sie ist zweckgebunden; aber sie hat keine Ahnung, wie sie dem Menschen zu einem höheren Bewußtsein verhelfen kann. Und vor allem, was Indien betrifft, nimmt alles eine ausgesprochen häßliche Entwicklung. Das schmerzt.

Mahatma Gandhi hatte – vor der Befreiung – immer erklärt: „Der erste Präsident Indiens wird eine Frau sein. Und nicht nur eine Frau, sondern eine Sudra – aus der niedrigsten Kaste, den Unberührbaren."

Doch als die Befreiung da war, vergaß er alle Versprechungen, die er gemacht hatte, und das Machtspiel begann wieder im alten Stil:

Pandit Jawahalal Nehru ist ein Brahmane; er ist keine Frau, und er ist kein Sudra. Wieder hat der Brahmane die Macht. Und nun wird Indien schon seit vierzig Jahren von einer einzigen Brahmanen-Familie beherrrscht. Sie haben Indien fast zu ihrer persönlichen Dynastie gemacht. Es ist keine Demokratie mehr.

Ihr braucht euch nur die Tatsachen anzusehen: Worin bestand die Faszination Mahatma Gandhis auf das indische Volk? Er gab vor, religiös zu sein – er war kein religiöser Mann – , gab vor, ein Hindu-Heiliger zu sein, weil die Hindus die Mehrheit bilden. Sie waren es, die eines Tages das Land regieren würden.

Genau deswegen beharrte er so darauf, daß Indien ungeteilt bleiben sollte, denn in einem ungeteilten Indien würden die Hindus an der Macht sein: Keiner kann den Hindus die Macht aus den Händen nehmen, denn jeder andere gehört einer Minderheit an. Und niemand nimmt Gandhis Politik unter die Lupe – daß er sogar Religion für schmutzige Zwecke benutzte!

Doktor Ambedkar forderte eine getrennte Wahl für die Unberührbaren, und ich bin absolut seiner Meinung, aus dem einfachen Grund, daß diese Leute seit fünftausend Jahren unterdrückt, ausgebeutet worden sind. Ihre ganze Menschenwürde ist zerstört worden, und dabei stellen sie ein Viertel der Hindu-Bevölkerung. Und sie verrichten die schmutzigsten Arbeiten. Man sollte sie respektieren, man sollte sie dafür ehren. Doch ganz im Gegenteil ist selbst ihr Schatten unberührbar. Wenn dich der Schatten eines Unberührbaren trifft, mußt du sofort ein Bad nehmen, um dich zu reinigen!

Ambedkar hatte völlig Recht, eine eigene Wahl für die Unberührbaren zu fordern, um ihnen ein Viertel der Stimmen im Parlament zu sichern. Andernfalls wird es ihnen nie gelingen, ins Parlament zu kommen, wird es ihnen nie gelingen, die fünftausendjährige, unmenschliche Gesetzgebung Manus zu verändern.

Es gibt große Verbrecher, aber Manu scheint sie alle in den Schatten zu stellen. Adolf Hitler hatte großen Respekt für Manu. Friedrich Nietzsche hatte großen Respekt für Manu – nicht dagegen für Gautam Buddha. Und Manu war für dieses Land ein Fluch. Er hat Millionen von Menschen ihre Menschlichkeit genommen. Sie leben wie die Tiere.

Es war völlig logisch und richtig von Ambedkar, eine unabhängige Wahl für sie zu fordern. Doch Gandhi begann ein Fasten bis zum Tode, um Ambedkar zu zwingen, seine Kampagne zu stoppen; andernfalls würde er nichts essen, bis er stürbe. Das ist nun wirklich völlig irrational. Denn den anderen durch Fasten zu überreden, bedeutet nicht, daß man Recht hat. Es ist Erpressung; man droht: „Ich werde Selbstmord begehen, wenn du mir nicht zustimmst."

Natürlich hat das ganze Land auf Ambedkar Druck ausgeübt und gesagt: „Nimm deine Kampagne zurück, sonst wird Gandhis Tod sehr gefährliche Folgen für dich und die Unberührbaren haben. Man wird sie lebendig verbrennen. Man wird ihre Dörfer niederbrennen, denn die Hindus werden Rache nehmen, weil die Unberührbaren Gandhi getötet haben." Ambedkar versuchte, sich so lange wie möglich zu halten, doch schließlich gab er auf, denn er sah: „Wenn Gandhi nun vielleicht wirklich stirbt... Auch wenn das kein Argument ist... ?"

Wenn ich an Ambedkars Stelle gewesen wäre, hätte ich zu Gandhi gesagt: „Du kannst ruhig sterben, denn dein Tod ist kein Argument." Es ist genauso dumm wie eine Geschichte, die ich gehört habe:

Ein sehr häßlicher Mann wollte ein schönes Mädchen heiraten, und er war so alt wie der Vater des Mädchens. Und er versuchte es mit der Gandhi-Methode: Er nahm seine Matratze, legte sich damit vor das Haus des Mädchens und erklärte, er werde fasten bis zum Tode, falls der Vater nicht einwillige, ihm seine Tochter zu geben. Da hatte jeder natürlich Mitgefühl mit dem armen Mann: „Er stirbt, was für ein großer Liebender! Wir haben von solchen Liebenden nur in Geschichten gehört, und er ist ein leibhaftiger Romeo, ein Tristan, ein Abelard!"

Der Vater hatte großen Kummer, das Mädchen hatte große Angst. Den ganzen Tag lang war das Haus von Menschenmengen umgeben, die riefen: „Sein Tod wird euch teuer zu stehen kommen. Der Mann übt doch keine Gewalt aus, er ist doch gewaltlos – ein frommer Mann, der fastet!"

Jemand schlug dem Vater des Mädchens vor: „Erkundige dich bei einem alten Gandhi-Anhänger, und finde heraus, was man da machen kann."

Der Gandhi-Anhänger sagte: „Das ist kein Problem. Es gibt eine alte Prostituierte, sehr häßlich. Du gibst ihr einfach hundert Rupien, und sie holt auch ihre Matratze und legt sich neben den Mann und erklärt ihm: „Ich werde mich zu Tode fasten, wenn du mich nicht heiratest." Gesagt, getan. Als die Nacht gekommen war, rollte der Mann seine Matratze zusammen und floh. Aber so etwas sind keine Argumente.

Und Ambedkar wurde gezwungen, seine Kampagne zu widerrufen, und er ging zu Gandhi mit einem Glas Orangensaft, um sein Fasten zu beenden. Das nenne ich, Religion für die Zwecke der Politik benutzen – kein religiöser Mensch kann so etwas tun.

Der Gedanke, daß Indien ungeteilt bleiben müsse, war auch nichts anderes, als daß politische Argumente für die Interessen der Hindus herhalten mußten, denn dann könnten nie die Mohammedaner oder Christen oder Jainas oder Sikhs an die Macht kommen. Die Hindus sollen die Macht behalten – sie haben die Mehrheit!

Jinnah, der Mann, der Pakistan schuf, war absolut kein religiöser Mann, aber auch er spannte die Religion ein. Er schuf eine Bewegung mit dem Ziel, den Mohammedanern ihr eigenes Land zu geben, weil sie andernfalls nie an die Macht kommen würden. Plötzlich war er ein großer Mohammedaner, ein großer religiöser Mann! Und alles im Namen der Religion – nichts als Politik: weder war Mahatma Gandhi religiös, noch war Muhammad Ali Jinnah religiös. Aber beide wollten sie Macht.

Vierzig Jahre sind seither vergangen, und was haben die Politiker aus diesem Land gemacht? Als es unabhängig wurde, zählte die Bevölkerung nur vierhundert Millionen. Sie haben es noch nicht einmal geschafft, die Bevölkerungsexplosion zu verhindern, und die wird das Land auch ohne irgendwelche Atomwaffen zugrunderichten. Inzwischen hat sich die Bevölkerung mehr als verdoppelt: neunhundert Millionen Menschen! Und bis Ende unseres Jahrhunderts wird Indien das Land mit der größten Bevölkerung auf der Welt sein. Bisher ist das China gewesen, doch China verhält sich jetzt wissenschaftlicher und versucht, seine Bevölkerung zu reduzieren. Bis Ende des Jahrhunderts wird jeder vierte Mensch ein Inder sein.

Und was machen die Politiker? Sie haben Angst, öffentlich auch nur ein Wort für Geburtenkontrolle, für Abtreibung verlauten zu lassen, denn ihr Hauptinteresse ist nicht etwa, ob dieses Land überlebt oder stirbt; ihr Interesse ist, nur keinem zu nahe zu treten. Das Volk hat seine Vorurteile – die Politiker wollen diese Vorurteile nicht antasten, weil sie seine Stimme brauchen. Wenn sie die Vorurteile des Volkes verletzen, stimmen die Leute nicht für sie.

Nur ein religiöser Mensch mit einem klaren Blick, der nicht die Stimmen der Leute braucht, kann die Wahrheit sagen. Politiker können nur schöne Lügen reden, tröstliche Lügen, nur um eure Stimmen zu bekommen. Denn der religiöse Mensch ist nicht darauf aus, etwas von euch zu bekommen. Im Gegenteil, es kann lebensgefährlich für ihn werden, die Wahrheit zu sagen. So war es schon immer. Wann immer die Wahrheit ausgesprochen wurde, hat man noch jedesmal den Menschen, der sie ausgesprochen hat, gekreuzigt.

Die Politiker wollen Macht, nicht Kreuzigung. Die Welt braucht mehr religiöse Menschen, die bereit sind, die Wahrheit zu sagen, selbst wenn dies Kreuzigung bedeutet. Der religiöse Mensch hat keine Angst, gekreuzigt zu werden, aus dem einfachen Grund, weil er weiß, daß es den Tod nicht gibt. Die anderen können höchstens seinen Körper vernichten, doch sein Bewußtsein, seine Seele – der Gott in ihm – wird weiterleben.

Die Religion sollte einen höheren Rang haben, und man sollte auf die religiösen Menschen hören. Die Parlamente sollten regelmäßig religiöse Menschen einladen, um sich von ihnen ein paar Ideen zu holen, wie man die Probleme des Landes lösen kann. Denn sie selbst scheinen völlig unfähig zu sein, auch nur eines zu lösen. Die Probleme werden immer größer, doch das Ego des Politikers will nicht, daß irgendwer über ihm steht. Aber ob ihr es wollt oder nicht, der religiöse Mensch steht über euch. *Ihr* könnt keine Transformation im Bewußtsein der Leute herbeiführen – *er* kann es.

Ganz gewiß darf sich die Religion nicht aus ihrer heiligen Sphäre herablassen zu den trivialen Angelegenheiten der Politik. So gesehen, bin ich ganz einer Meinung: Religion und Politik sollten getrennt bleiben. Der Abstand ist groß. Religion ist ein Stern am Himmel, und Politiker sind Geschöpfe, die auf der Erde herumkriechen.

Welten trennen sie. Die Frage, wie man sie trennen soll, stellt sich erst gar nicht. Die Politiker sollten sich jetzt besinnen, sich ganz auf ihre weltlichen Funktionen zu beschränken. Und die sind nicht das eigentliche Ziel der Menschheit.

Die religiösen Menschen lassen nichts ungetan, um die Menschheit zu heben – in ihrem Bewußtsein, ihrer Liebe, ihrem Mitgefühl – bis zu dem Punkt, wo Kriege unmöglich werden, wo die Politiker die Menschen nicht mehr betrügen können, wo ihre Lügen und ihre Versprechungen entlarvt werden. Das wäre keine Einmischung in die Politik, sondern hieße einfach, die Leute vor der Ausbeutung der Politiker zu schützen. Die Trennung ist bereits da. Wer hat Rajiv Gandhi auf die Idee gebracht, daß Religion und Politik etwa *nicht* getrennt sind?

Politik ist etwas, das zur Gosse gehört. Religion gehört zum offenen, klaren Himmel, wie ein Vogel im Flug, der quer durch die Sonne fliegt, hin zur wahren Mitte der Existenz.

Religiöse Menschen können ganz sicher nicht am politischen Geschehen teilnehmen. Doch die Politiker sollten lernen, bescheiden zu werden – ihre Macht sollte sie nicht blind machen: Macht verdirbt, und absolute Macht verdirbt absolut; und alle Politiker sind durch ihre Macht verdorben. Und was ist ihre Macht? Daß sie euch töten können? Ihre Macht ist die Macht eines Metzgers – nichts Großes, Ehrfurchtgebietendes.

Die Macht des religiösen Menschen ist von ganz anderer Qualität. Sie liegt in seiner Präsenz, sie liegt in seiner großen Liebe und Verehrung des Lebens, sie liegt in seiner Dankbarkeit gegenüber der Existenz.

Wir sollten nicht vergessen, daß das Niedrige in seinen eigenen Grenzen bleiben sollte; und die weisen Menschen im Land sollten gebeten werden, so oft wie möglich im Parlament zu Problemen Stellung zu nehmen, die die Politiker nicht lösen können – ja gar nicht Hirn genug haben zu lösen.

Doch Rajiv Ghandi hat da ganz andere Absichten. Er will die Politik zur einzigen Macht erheben, die alle beherrscht, einschließlich die Religion; und er will, daß die Religion dem Diktat der Politiker folgt.

Ich verurteile diesen Gedanken ganz und gar. Die Religion kann nicht dem Diktat der Politiker folgen. Die Politiker sollten lernen, auf den Rat der religiösen Menschen zu hören. Die Probleme sind so gering, daß jeder intelligente und ernstlich gewillte Mensch sie leicht lösen kann. Doch der Politiker *will* sie gar nicht lösen; er redet nur davon, sie zu lösen, denn seine Macht hängt davon ab, wieviele Probleme ihr habt. Je mehr Probleme ihr habt, je erbärmlicher ihr dran seid, desto mächtiger ist er.

Und der Mensch des religiösen Bewußtseins? Je glücklicher ihr seid, je mehr ihr liebt, je mehr ihr lacht und feiert … e r möchte, daß euer Leben Gesang und Tanz ist. Denn nur so sollten wir die Quelle des Lebens anbeten: Mit unserer Freude, mit unseren Liedern und mit unserem Tanz.

THE HIDDEN SPLENDOR – 15. März 1987, morgens (1. Frage)

# Wenn Religion zur Kirche wird

*Bhagwan,*
*Was ist Religion? Was ist Deine Meinung über organisierte Religion?*

RELIGION IST DER höchste Flug menschlichen Bewußtseins – sie ist die individuelle Suche nach Wahrheit.

Die innere Wahrheit kann nicht zum Gegenstand allgemeinen Wissens gemacht werden: Jeder Einzelne muß selbst nach innen gehen, jedesmal ist es eine neue Entdeckung. Es spielt keine Rolle, wieviele Menschen schon zur Erweckung, zur höchsten Erkenntnis gelangt sind, in dem Augenblick, wo du sie erlangst, wird sie völlig neu sein, denn sie kann nicht ausgeborgt werden.

Die Suche besteht im Grunde im Erkennen deiner Innenwelt. Du hast ein Äußeres, und nichts Äußeres kann ohne ein Inneres existieren. Schon allein die Existenz eines Äußeren ist ein Beweis für eine innere Welt.

Die innere Welt besteht aus drei Schichten: die Gedanken – das ist die oberflächlichste. Die Gefühle sind tiefer, und danach kommt das Sein, das deine Göttlichkeit ist. Das Erkennen deiner eigenen Göttlichkeit, das Erkennen deiner eigenen Ewigkeit, ist die eigentliche Suche der Religion.

All deine Sinne führen dich nach außen: die Augen öffnen ihren Blick nach außen, die Ohren hören, was außen geschieht, die Hände können berühren, was außen ist. Die Sinne sind die Türen, durch die man nach außen geht, – und ihr dürft nie vergessen, daß die Tür, die euch nach draußen führt, euch auch hereinlassen kann; es ist die gleiche Tür, durch die du dein Haus verläßt und durch die du wieder heimkommst. Lediglich die Richtung ändert sich: um hinauszugehen, brauchst du offene Augen, um hereinzukommen, brauchst du geschlossene Augen – all deine Sinne müssen schweigen.

Die erste Konfrontation ist die mit dem Verstand, aber der ist nicht deine Wirklichkeit. Obwohl er im Inneren deines Schädels ist, ist er nicht du – er ist die Spiegelung des Äußeren.

Alle deine Gedanken sind Spiegelungen des Äußeren.

Zum Beispiel kann ein Blinder nicht über Farben nachdenken, weil er noch nie Farben gesehen hat; somit ist keine Spiegelung möglich. Der Blinde kann nicht einmal Dunkelheit sehen, und weil er nie Licht oder Dunkelheit außen gesehen hat, gibt es keine Möglichkeit einer Spiegelung. Der Blinde weiß nicht, ob es Dunkelheit oder ob es Licht gibt – beide Worten bedeuten ihm nichts.

Und wenn du deine Gedanken analysierst, dann wirst du feststellen, daß sie alle in deinem Inneren durch die äußere Wirklichkeit ausgelöst worden sind, sie gehören also im Grunde der Außenwelt an und spiegeln sich in dem inneren See des Bewußtseins wieder.

Aber wegen dieser Gedanken – und sie sind ein ungeheures Gedränge in dir, sie sammeln sich immer mehr an, bauen eine chinesische Mauer in dir... Du mußt über deine Gedanken hinausgelangen. Und Religion kennt nur eine Methode. Es gibt verschiedene Namen dafür, aber es ist ein und dieselbe Methode – und zwar Beobachten, ein Zeuge sein. Du beobachtest ganz einfach deine Gedanken, ohne sie zu beurteilen, ohne sie zu verdammen, ohne sie zu billigen, absolut unbeteiligt; du siehst einfach den Vorgang, wie Gedanken auf deinem geistigen Bildschirm vorüberziehen.

Sowie dein Beobachter stärker wird, werden die Gedanken weniger – genau im gleichen Verhältnis. Wenn der Beobachter zehn Prozent deiner Energie ausmacht, dann werden neunzig Prozent deiner Energie mit Gedanken verschwendet; wenn dein Beobachter neunzig Prozent wird, dann bleiben nur zehn Prozent für Gedanken. Im gleichen Moment, wo du hundert Prozent Beobachter bist, wird der Verstand leer.

Dieser ganze Prozeß wird Meditation genannt. Indem du die Gedanken hinter dir läßt, stößt du auf die zweite Schicht in dir – die der Gefühle, die deines Herzens – und die ist subtiler. Aber mittlerweile ist dein Beobachter schon in der Lage, selbst deine Stimmungen, deine Empfindungen, deine Emotionen, deine Gefühle zu beobachten, wie subtil sie auch immer sein mögen. Und die gleiche Methode funktioniert hier genauso, wie sie bei den Gedanken funktioniert hat. Bald wird es keine Empfindungen, keine Gefühle, keine Stimmungen mehr geben. Du bist über den Verstand und über das

Herz hinausgelangt. Jetzt gibt es nur noch völlige Stille; nichts bewegt sich mehr. Dies ist dein Sein, dies bist du.

Der Geschmack deines Seins ist Wahrheit.

Die Schönheit deines Seins ist die Schönheit der Existenz.

Das Schweigen deines Seins ist die Sprache, die die Existenz versteht.

Du ruhst einfach im Sein, du bist zu Hause angekommen. Die Wanderschaft ist zu Ende, der Kampf ist zu Ende. Entspannt ruhst du still in dir.

Ein ungeheurer verborgener Glanz wird dir offenbart, denn du bist nicht mehr getrennt von der Realität, sondern eins mit ihr. Die Bäume und der Mond und die Sterne und die Berge sind alle Teil einer organischen Einheit, und auch du bist Teil dieser organischen Einheit – du bist ein Teil von Gott geworden.

Religion ist die höchste Errungenschaft des Menschen.

Etwas Höheres als Religion gibt es nicht und braucht es auch nicht zu geben. Dein Sein ist so reich, so überfließend von Glückseligkeit, Ruhe, Frieden, Verständnis, Ekstase, daß das Leben zum ersten Mal wirklich zum Lied, zum Tanz, zum Feiern wird. Wer Religion nicht kennt, kennt auch kein Feiern.

Aber organisierte Religion ist etwas völlig anderes; deshalb muß ich euch klarmachen, daß authentische Religion immer etwas Individuelles ist. Im gleichen Moment, wo Wahrheit organisiert wird, stirbt sie; sie wird zur Doktrin, zur Theologie, zur Philosophie, aber wird nicht mehr erfahren; denn die Menge kann keine Erfahrung machen. Erfahrung steht nur Individuen offen – jedem für sich.

Es ist beinahe wie Liebe. Man kann auch keine Organisationen für Liebe haben – damit man sich nicht mehr darum zu kümmern braucht – denn das besorgt schon die Organisation! Der Priester wird an deiner Stelle lieben. Aber genau das ist mit Religion passiert. Jedesmal, wenn ein Mensch die Wahrheit entdeckt, wird er sofort von den wohl gerissensten Vertretern der Menschheit – den Priestern – in die Mitte genommen. Sie fangen an, seine Worte zu sammeln und zu interpretieren, und sie machen es jedem klar, daß du dich, wenn du die Wahrheit wissen willst, an sie zu wenden hast – denn sie sind die Vertreter Gottes. Sie mögen sich Propheten nennen oder sie mögen sich Boten nennen, sie mögen sich alle möglichen Namen zulegen, aber Tatsache ist: Sie haben sich selbst zu Vertretern Gottes ernannt. Sie kennen Gott nicht, aber im Namen Gottes beuten sie die Menschheit aus.

Organisierte Religion ist eine andere Erscheinungsform von Politik. Und da ich immer wieder Politik als die niedrigste Form menschlicher Aktivität verurteilt habe, habe ich die gleiche Meinung über organisierte Religionen. Es ist ganz offensichtlich: Die Priester und die Politiker haben sich schon immer gegen die Menschheit verschworen. Sie haben sich gegenseitig unterstützt. Sie haben alles unter sich aufgeteilt, so daß dem Politiker dein weltliches Leben gehört – dort ist er der Herrscher. Und dein inneres Leben gehört dem Priester – dort ist er der Herrscher.

Manchmal kann man nur noch staunen, es scheint so unglaublich; aber noch in diesem zwanzigsten Jahrhundert hat der Papst vor einigen Monaten erklärt, es ist eine Sünde, direkt mit Gott zu kommunizieren. Man soll das über einen Priester tun, das ist der korrekte Weg. Denn wenn die Leute damit anfangen würden, sich direkt an Gott zu wenden, Gott zu beichten, zu Gott zu beten, dann würden Millionen von Priestern arbeitslos. Sie tun überhaupt nichts. Ihre ganze Funktion besteht darin, euch etwas vorzumachen: Denn weil ihr Gottes Sprache nicht versteht und ihr noch nicht so weit entwikkelt seid, sind sie bereit, für eine kleine Gebühr, eine Spende an die Kirche oder den Tempel, diesen Job für euch zu erledigen.

Alle diese Spenden fließen in die Taschen der Priester. Sie haben keine Ahnung von Gott, aber sie sind sehr belesen, sie können die Schriften aufsagen wie Papageien. Aber ihr inneres Verlangen ist nicht nach Gott, nicht nach Wahrheit. Sie sind keine Sucher, sie sind Ausbeuter.

Ich habe gehört: Ein Priester hatte sich zwei Papageien gekauft, und unter großen Anstrengungen brachte er ihnen schöne Jesus-Worte bei. Und jeder war verblüfft, wie akkurat die Papageien das konnten. Er machte kleine Rosenkränze für sie, damit sie ständig beteten, und machte auch kleine Bibeln für sie; und so hatten sie ihre Bibeln immer aufgeschlagen und zwirbelten ihre Rosenkränze. Zwar konnten sie nicht lesen, aber sie konnten sowieso alles auswendig. Der Priester schlug dann zum Beispiel eine Seite auf und sagte: „Seite zwölf", und sie lasen vor. Nicht, daß sie wirklich lasen, sie konnten es auswendig.

Der Priester war sehr zufrieden und meinte, es wäre gut, noch einen einen weiteren Papagei zu haben, dem er statt Bibel und Rosenkranz beibringen könnte, ganze Predigten zu halten. Er fand auch einen Papagei, und der Verkäufer sagte: „Ihr Wunsch wird sich erfüllen; dieser Papagei ist der intelligenteste, den ich je gesehen habe."

Allerdings war er sich nicht darüber im klaren, daß es ein weiblicher Papagei war, und so kam der Papagei in den gleichen Käfig, in dem die beiden Papageien ihre Rosenkränze beteten und in der Bibel lasen. Beide schauten den weiblichen Papagei an, und der eine Papagei sagte zum anderen: „Georg, schmeiß' den Rosenkranz weg! Unsere Gebete sind erhört worden."

Eure Priester sind nichts als Papageien, und ihre Gebete gehen um Macht, um Prestige, um Geld. Sie sind verkleidete Politiker, sie betreiben Politik im Namen Gottes – Zahlenpolitik. Zur Zeit gibt es siebenhundert Millionen Katholiken, natürlich ist da der Papst der mächtigste religiöse Mann der Welt.

Jede Religion hat immer wieder mit verschiedenen Methoden versucht, ihre Anhängerzahl zu vergrößern. Mohammedaner dürfen vier Frauen heiraten, damit sie vier Kinder pro Jahr zeugen können. Und sie hatten Erfolg damit, heute sind sie die zweitgrößte Religion nach dem Christentum. Organisierte „Religion" ist lediglich ein inhaltloses, bedeutungsloses Wort; darin versteckt sich Zahlenpolitik. Und ihr wißt ganz genau: Wenn es auf die Wahlen zugeht, fangen eure Politiker an, den Shankaracharya zu besuchen. Fünf Jahre lang besucht niemand den Shankaracharya, aber wenn es auf die Wahl zugeht, dann geht der Premierminister den Shankaracharya besuchen, geht er auf eine Pilgerreise hoch oben und weitab zu den Tempeln auf den Bergen des Himalaja. Wozu? Plötzlich ist ein großes religiöses Bedürfnis aufgetaucht, das sich wieder legt, sobald die Wahlen vorbei sind.

Diese Leute brauchen Wählerstimmen, deshalb müssen sie den religiösen Würdenträgern ihre Aufwartung machen. Und ein Shankaracharya fühlt sich großartig, wenn ihm der Premierminister zu Füßen fällt; und die Anhänger des Shankaracharya, die Hindus, finden, daß der Premierminister ein sehr religiöser Mensch ist.

Wenn der Papst nach Indien kommt, stehen sogar der Präsident und der Premierminister mit seinem ganzen Kabinett am Flughafen Spalier, um ihn zu empfangen. Wozu? Die drittgrößte Religion in Indien ist mittlerweile das Christentum, und dem Papst deine Aufwartung zu machen, bedeutet, daß alle Stimmen der Christen dir gehören werden.

Organisierte Religionen, ob Christentum, ob Hinduismus, ob Islam, waren noch nie auf der Suche nach der Wahrheit. Welche Wahrheit hätte das organisierte Christentum in zweitausend Jahren den Aussagen Jesu hinzugefügt? Was also ist der Zweck dieser Organisation? Sie vermehrt nicht die Religiosität in der Welt; sie wiederholt einfach, was Jesus gesagt hat, was jeder auch in Büchern nachlesen kann. Wie viele Buddhisten haben in fünfundzwanzig Jahrhunderten nach der Wahrheit gesucht oder Wahrheit gefunden? – nichts als eine lange, endlose Reihe von Papageien, die nachplappern, was Gautam Buddha entdeckt hat.

Und laßt euch erinnern, daß Gautam Buddha nicht zu einer organisierten Religion gehörte; ebensowenig gehörte Mahavira zu einer organisierten Religion, und auch Jesus gehörte zu keiner organisierten Religion – sie waren individuelle Sucher. Wahrheit ist seit jeher nur von Individuen gefunden worden, sie ist das Vorrecht des Individuums – und seine ganze Würde.

Organisierte Religionen haben Kriege angezettelt, genau wie es die Politiker auch getan haben. Sie mögen andere Namen dafür haben. Politiker kämpfen für den Sozialismus, den Kommunismus, für den Faschismus, für den Nationalsozialismus, und organisierte Religionen haben für Gott, für Liebe, für ihren Begriff von Wahrheit gekämpft. Und es gab Millionen von Toten bei den Zusammenstößen zwischen Christen und Juden, zwischen Mohammedanern und Hindus, zwischen Hindus und Buddhisten. Religion hat nichts mit Krieg zu tun, es ist eine Suche nach Frieden. Aber organisierte Religionen sind nicht an Frieden interessiert: Sie sind daran interessiert, immer mächtiger und vorherrschender zu werden.

Ich verurteile die Politiker genauso, wie ich die organisierten Religionen verurteile – denn auch die sind nichts anderes als Politik. Wenn ich also sagte, daß die religiösen Menschen respektiert und geehrt werden sollten – daß die Politiker sie um Rat fragen sollten –, dann habe ich nicht von den organisierten Religionen gesprochen: Ich habe von religiösen Individuen gesprochen. Und ein religiöses Individuum ist weder Hindu noch Christ, noch Mohammedaner – wie wäre das möglich? Gott selber ist weder Hindu noch Christ noch Mohammedaner. Auf einen Menschen, der eine Ahnung vom Göttlichen bekommen hat, färbt das Göttliche ab, und um ihn wird ein Hauch von Göttlichkeit sein.

Im Altertum waren hier im Orient diese religiösen Menschen unsere höchsten Blüten, und selbst Könige und Kaiser gingen zu ihnen, um ihnen zu Füßen zu fallen und sie um Rat zu bitten bei Problemen, die sie allein nicht lösen konnten.

Wenn wir die Welt am Leben erhalten wollen, müssen wir unsere uralten Kindheitstage wiederaufleben lassen, in denen der religiöse

Mensch noch keine eigennützigen Interessen verfolgte. Genau deshalb war sein Blick ungetrübt, war in seinem Herzen reine Liebe, war sein Dasein ein einziger Segen. Wer auch immer zu ihnen kam, er wurde geheilt, seine Probleme wurden gelöst; er gewann neue Einsichten in alte, abgestandene Probleme.

Die organisierten Religionen sollten aus der Welt verschwinden, sie sollten diese Maske der Religiosität fallen lassen. Sie sind nichts als Politiker, Wölfe im Schafspelz; sie sollten Farbe bekennen und sollten einfach Politiker sein – darin liegt an sich ja kein Schaden. Sie sind sowieso schon immer Politiker gewesen, aber sie spielen ihr Spiel im Namen von Religion.

Organisierte Religionen haben keine Zukunft.

Sie sollten ihre Verkleidung ablegen und offen als Politiker auftreten und am politischen Leben teilnehmen, damit wir die wahrhaft religiösen Individuen – die sehr rar sein werden – ausfindig machen können. Aber schon ein paar wahrhaft religiöse Einzelne können die ganze Welt zum Licht, zu unsterblichem Leben, zur letzten Wahrheit führen, und jeder Mensch, der ein wenig vom Göttlichen erfahren hat, auf den färbt das Göttliche ab, und der Duft des Göttlichen überträgt sich auf ihn.

THE HIDDEN SPLENDOR – 16. März 1987, morgens (1. Frage)

# „Nichts gegen den Papst ...“

*Bhagwan,*
*Du bist doch so sehr gegen den Papst –*
*liegt es daran, daß die römisch-katholische Religion*
*die organisierteste Religion überhaupt ist?*

ICH BIN GEGEN niemand – aber ich bin ganz gewiß für die Wahrheit. Alles, was gegen die Wahrheit geht, bin ich entschlossen zu kritisieren; es ist eine heilige Pflicht, jedenfalls für mich. Daß die römisch-katholische Religion die organisierteste Religion überhaupt ist, ist nur einer der Gründe, warum ich den Papst so sehr kritisiere. Es gibt aber noch eine ganze Reihe anderer Dinge.

Ich will euch gern sagen, was meine Kritik sonst noch alles mit einschließt. Erstens ist die katholische Kirche im Besonderen und das Christentum im Allgemeinen gar keine Religion. Von „organisierter *Religion*“ zu sprechen, heißt eine falsche Sprache zu benutzen. Es ist organisierter *Aberglaube*.

In den zwanzig Jahrhunderten nach Jesus hat das Christentum jeden möglichen Aberglauben verteidigt und gleichzeitig gegen die Wissenschaft, gegen jede Erforschung der Wahrheit gekämpft. Und die Leute, die in diesem Krieg zwischen Aberglauben und Wissenschaft die Anführer waren, sind die Päpste.

Zunächst einmal haben die Päpste in all diesen zwanzig Jahrhunderten vor allem eines behauptet: daß sie unfehlbar sind – was eine Absurdität ist. Aber ihre Logik ist die, daß sie Jesus Christus vertreten – und Jesus Christus der einzige Sohn Gottes ist. Somit sind sie, auf indirekte Weise, die Instrumente Gottes: Wie also könnten sie fehlbar sein?

Aber das Leben ist nicht Logik. Euer Gott selbst ist eine Fiktion; daß Jesus Christus der einzige Sohn Gottes ist, ist wieder so eine Fiktion. Und die Unfehlbarkeit des Papstes ist einfach lächerlich.

Als Galileo zum ersten Mal entdeckte, daß sich die Sonne nicht um die Erde, sondern die Erde um die Sonne dreht, war er schon sehr alt – fünfundsiebzig oder achtzig, fast auf dem Sterbebett. Man zerrte ihn vor das Gericht des Papstes. Und der Papst sagte: „Bevor du stirbst, änderst du diese Behauptung, denn sie verstößt gegen die Bibel. Und alles, was gegen die Bibel verstößt, ist automatisch verkehrt – denn die Bibel ist das Wort Gottes.“

Galileo war ein großer Wissenschaftler, und ich habe einen immensen Respekt vor diesem Mann, der noch mit achtzig Jahren, als er schon starb, einen so herrlichen Sinn für Humor besaß.

Er sagte nämlich: „Das ist kein Problem. Ich werde es ändern; ich werde genau dasselbe in mein Buch schreiben, was Gott in der Bibel geschrieben hat, nämlich daß sich die Sonne um die Erde dreht. Aber eines muß ich dir ganz klar sagen: Weder liest die Sonne mein Buch, noch liest die Erde mein Buch. Was die Realität betrifft, so wird sich die Erde weiterhin um die Sonne drehen.

Und warum versteifst du dich so? Ich habe doch alle Beweise. Ich habe mein ganzes Leben der Forschung gewidmet, und alle, die etwas von Wissenschaft verstehen, stimmen völlig mit mir überein; und früher oder später wirst du doch zustimmen müssen, denn man kann sich nicht lange gegen die Wahrheit sperren.“

Der Papst sagte: „Wir können nicht zulassen, daß auch nur eine einzige Behauptung gegen die Bibel verstößt, aus dem einfachen Grund, daß, wenn auch nur eine einzige Aussage falsch wird, Gottes Unfehlbarkeit zunichte wird. Und wenn Gott selber fehlbar ist, was ist dann mit Jesus Christus? Und was wird dann aus dem Papst? Und wenn Gott sich auch nur in einem Punkt irren kann, wer weiß? – dann mag er so manches falsch aufgeschrieben haben. Wir können uns das nicht leisten.“

Dreihundert Jahre lang haben die Päpste einen unerbittlichen Kampf gegen jede einzelne wissenschaftliche Entdeckung der Wahrheit geführt. Niemand kann gegen die Wahrheit siegen – aber sie haben getan, was sie konnten. Es ist die einzige Religion, die gegen die Wissenschaft gekämpft hat – und das ist einer meiner wesentlichen Gründe, warum ich den Papst kritisiere.

Noch heute kämpfen sie gegen die Wissenschaft, obwohl sie ganz genau wissen, daß sie jedesmal den Kürzeren ziehen und daß sie auf verlorenem Posten kämpfen. Und trotzdem erklären sie sich nach wie vor für unfehlbar.

Es ist erstaunlich, wie Menschen so schamlos sein können.

Es wird Zeit, daß sie begreifen.

Sie haben Johanna von Orleans gekreuzigt und verbrannt – auf Befehl des Papstes, weil der Papst erklärt hatte, daß sie eine Hexe sei. Und mit welcher Begründung, mit welchen Beweisen, welchen Erkenntnissen? Aber weil der Papst sagt, daß es so ist, muß es stimmen. Das Wort des Papstes ist Gesetz; das Wort des Papstes ist die Wahrheit. Sie verbrannten eine junge, schöne, mutige, intelligente Frau, die für die Freiheit des Landes gekämpft und die Freiheit des Landes gewonnen hatte. Und es war nichts als Eifersucht – weil eine Frau eine solche Bedeutung gewinnen konnte, daß sie selbst den Papst in den Schatten stellte.

Sie wurde aus Eifersucht verbrannt; sie hatte keine Sünde begangen. Ganz Europa war schockiert, und langsam erhoben die Menschen ihre Stimme gegen ihre Verbrennung. Aber es sollte fast dreihundert Jahre dauern, bis die Stimme des Volkes so stark geworden war, daß Johanna von Orleans von einem anderen Papst zu einer großen Heiligen erklärt werden mußte.

Der eine Papst verbrennt sie bei lebendigem Leibe, weil sie eine Hexe ist, weil sie sich sexuell mit dem Teufel eingelassen hat. Und nach dreihundert Jahren erklärt ein anderer Papst – sein eigener Nachfolger, sein eigener Abkömmling, Stellvertreter desselben Jesus Christus und desselben Gottes – ,daß sie eine Heilige war. Ihre Knochen wurden aus dem Grab genommen und angebetet, und heute steht eine wunderschöne Kathedrale zu ihrem Gedächtnis. Heute nennt sie niemand mehr einfach nur „Johanna von Orleans", ihr Name ist „die Heilige Johanna von Orleans."

Der Papst reist unentwegt um die Welt und predigt, daß Geburtenkontrolle gegen Gott ist, daß jegliche Methode, die die Geburt eines Kindes verhindern kann, gegen Gott ist – vor allem in den Ländern Asiens, wo die Menschen so arm sind und jeden Tag ärmer und ärmer werden! Aber es liegt nicht im Interesse des Papstes, daß der Mensch komfortabel und ohne Hunger lebt.

Die Menschen sollten nicht sterben, nur weil sie nicht einmal Wasser, nicht einmal etwas zu essen bekommen!

Und ihr werdet staunen, wenn ihr erfahrt, daß der Papst auf der einen Seite gegen jede Geburtenkontrolle predigt, und der Vatikan auf der anderen Seite eine heimliche Fabrik besitzt, wo sie Pillen zur Geburtenkontrolle produzieren – schließlich ist es ein gutes Geschäft, es bringt Millionen von Dollars.

Solche Leute nennt ihr „religiös"?

Er erzählt ständig, überall auf der Welt, daß sich die christlichen Priester und Bischöfe und Kardinäle nicht in die Politik einmischen sollten – weil er möchte, daß die Politiker für ihn sind. Und man hat herausgefunden, daß der gleiche Mann 100 Millionen Dollar nach Polen geschickt hat, an eine politische Partei – damit sie gegen die Kommunisten kämpft. Ist das keine Politik?

Und sein Engagement gegen die Geburtenkontrolle zielt in Wirklichkeit nur darauf ab, die Bevölkerung zu vermehren. Welche Folgen das für die Menschen hat, ist ihm gleichgültig. Wenn die Menschen arm und hungrig sind, lassen sie sich leicht zum Christentum bekehren, vor allem zur katholischen Kirche. Ihre Schulen, ihre Krankenhäuser, ihre Waisenhäuser sind nichts als Fabriken zur Bekehrung von Menschen zu Katholiken.

Es ist eine wohlbekannte Tatsache, daß bis Ende des Jahrhunderts fast die halbe Weltbevölkerung an Hunger sterben wird. Ihr könnt euch so eine Situation nicht einmal vorstellen, wo jeder zweite Mensch einfach stirbt. Überall werden Leichen liegen, und es wird nicht einmal jemand da sein, der sie beerdigt oder sie zum Krematorium oder zum Friedhof bringt. Ja, Sterben wird besser sein, als unter diesen Leichen zu leben.

Die ganze Welt wird nach Tod stinken.

Die Päpste scheinen nicht daran interessiert zu sein, die Menschheit zu retten. Ihr eigentliches Interesse ist, wie sie immer mehr Menschen in ihre Religion einfangen können, denn davon wird ihre Macht abhängen. Es ist reine Politik.

Die gesamte christliche Theologie basiert auf dermaßen dummen Vorstellungen, daß es einfach absurd ist, von einer „Religion" zu reden. Jesus wird von einer jungfräulichen Mutter geboren. Die ganze medizinische Wissenschaft spricht dagegen – es ist schlechterdings nicht möglich; aber das ist einer ihrer fundamentalen Glaubenssätze. Nehmt ihn weg, und das ganze Gebäude des Christentums bricht zusammen.

Sie haben der Welt keine einzige Methode geschenkt, wie man das Bewußtsein heben kann. Sie haben keine erwachten und erleuchteten Menschen hervorgebracht; aber sie haben es fertiggebracht, allein siebenhundert Millionen Menschen ins katholische Gehege einzufangen. Diese Leute stecken voll von absurden Glaubensvorstellungen – und obwohl sie Augen haben, können sie nicht sehen; sie haben Ohren, aber sie hören nicht. Und wenn du etwas sagst, sind sie sofort bereit, dich zu kreuzigen. Sie sind dagegen, daß Jesus gekreuzigt wurde, aber sie sind jederzeit bereit, dich zu kreuzigen, wenn du einfach nur die Wahrheit sagst.

Ich habe in einer meiner Reden gesagt, daß die heilige Bibel das unheiligste Buch auf der ganzen Welt ist, weil sie fünfhundert kompakte Seiten reiner Pornographie enthält. Einer meiner Freunde in Amerika hat, als er das hörte, tatsächlich all diese fünfhundert Seiten herausgesucht und ein Buch veröffentlicht mit dem Titel „Die Heilige Bibel – Jugendverbot." Und jetzt ist in Kanpur, in Indien, Klage gegen mich erhoben worden: Zehn christliche Vereine haben einen Prozeß gegen mich angestrengt, weil ich ihre religiösen Gefühle verletzt hätte.

Ich kann nicht glauben, daß Menschen so blind sein können. Wenn hier etwas eure religiösen Gefühle verletzt, dann ist es eure eigene Bibel, ich habe nichts damit zu schaffen. Ihr solltet von der Regierung verlangen, daß die Bibel verboten wird, oder daß sie gebrandmarkt und unter „Pornographische Literatur" eingestuft wird.

Ich selbst sage überhaupt nichts – diese fünfhundert Seiten stehen einfach so in der Bibel drin; und diese zehn Vereine hätten zumindest einmal in ihre Bibeln hineinschauen können, um nachzusehen, wovon ich eigentlich rede; andernfalls werden sie vor Gericht sehr dumm dastehen.

Heute agitiert die katholische Kirche in jedem Land heftig dafür, Homosexualität zu einem schweren Verbrechen zu machen. Und jeder in der Welt weiß, daß Papst Paul VI ein Homosexueller war. Ehe er Papst wurde, war er der Kardinal von Mailand – und die ganze Stadt redete davon. Ganz Mailand sah staunend zu, wie er sich stets mit seinem Freund blicken ließ – einem jungen, hübschen Mann. Obwohl alle Bescheid wußten, wurde er trotzdem Papst. Und kaum war er Papst geworden, wurde sein Freund in den Vatikan berufen, und der Freund wurde sein Sekretär. Normalerweise wird die Sekretärin zur Freundin, aber hier lief es etwas anders... und doch die gleiche Geschichte.

Und der Vatikan hat es nie dementiert; sie konnten es nicht dementieren – die Tatsachen sprachen allzusehr dagegen. Aber wenn du das laut sagst, heißt es, daß du gegen den Papst bist. Ich bin nicht gegen den Papst: Ich bin nur für die Wahrheit.

Aber vielleicht fängt die ganze Sache mit der Jungfräulichkeit Marias und der Geburt Jesu an. Ich habe gehört... es ist eine Zukunftsgeschichte; denn dieser polnische Papst scheint sich sehr viel Zeit zum Sterben zu lassen. Normalerweise waren die Päpste immer nach durchschnittlich einem oder höchstens zwei Jahren tot; denn bis sie schließlich Papst werden, sind sie meist schon um die fünfundsiebzig bis achtundsiebzig Jahre alt. Und alle müssen gehofft haben, daß dieser Pole ebenfalls bald sterben würde – aber da kennen sie die Polen schlecht. Er hat das Sterben völlig vergessen. Und ihm macht seine Papstrolle riesigen Spaß – bisher hat noch kein Papst solche Sachen gemacht. Er fährt ständig um die Welt, und der Vatikan kommt in die roten Zahlen – neun Millionen Dollar hat er mit Reisen ausgegeben. Das letzte Mal ging es nach Australien – und nur zwei Tage vor ihm war die britische Königin ebenfalls nach Australien gekommen. Und für den Papstbesuch nach Australien wurde mehr Geld ausgegeben als für den Besuch der Königin von England. Und das sind die Leute, die sagen: „Gesegnet sind die Armen."

Aber wie gesagt, schließlich starb der polnische Papst und kam mit Glanz und Gloria in den Himmel. Am goldenen Himmelstor hielt ihn der heilige Petrus an und sagte: „He da! Du kannst doch nicht einfach so hier hereinlatschen. Wer bist du?"

Der Papst antwortete: „Nun ja, ich bin dein eigener Stellvertreter auf Erden, ich bin der Papst."

Der heilige Petrus sagte: „Papst? Mein Stellvertreter? Ich hab noch nie was von dir gehört."

Verwundert sagte der Papst: „Ach! Man richte doch Gott bitte aus, daß ich da bin. Er wird dir schon sagen, daß du mich reinlassen sollst."

Der heilige Petrus brüllte: „He Boß, ein Kerl hier behauptet, er wäre der Papst. Kennst du ihn?"

Gott antwortete: „Nie von ihm gehört."

Der Papst sagte: „Komisch. Aber frag Jesus. Er kennt mich."

Der heilige Petrus brüllte: „He, Junior! Ein Kerl hier sagt, er wäre der Papst. Kennst du ihn?"

Jesus antwortete: „Nee."

Sankt Petrus sagte: „Tut mir leid, aber ich kann dich nicht reinlassen. Niemand hier kennt dich."

Der Papst sagte: „Du kannst mich doch nicht einfach so wegschikken. Ich bin der Papst höchstpersönlich. Frag den Heiligen Geist. Er kennt mich bestimmt."

Wieder brüllte Sankt Petrus: „He Spuki! Ein Kerl hier behauptet, du kennst ihn. Er sagt, er wäre der Papst."

Und der Heilige Geist rief: „Der Papst? Klar kenn ich den. Das ist doch der Typ, der diese schmutzigen Geschichten über mich und Maria verbreitet hat. Schmeiß ihn raus."

Diese ganze Religion basiert auf einem schmutzigen Witz.

Auf Papst Paul VI – das war der Homosexuelle – folgte Papst Johannes Paul I. Er war ein intelligenter, liberaler Mann, der eine Untersuchung gegen all die Kardinäle und Bischöfe einleitete, die Freimaurerlogen angehörten, was von der katholischen Kirche verboten worden war.

Diese Freimaurerlogen haben nur die reichsten Menschen der Welt zu Mitgliedern. Es sind Geheimbünde, die heimliche Rituale ausführen. Sie wurden vom Christentum verboten. Kein christlicher Priester, Bischof oder Kardinal oder irgendein Amtsinhaber von Rang durfte einer Freimaurerloge angehören, weil ihre Geheimrituale aus sexuellen Orgien und allen möglichen abstoßenden Dingen bestehen. Johannes Paul I. ordnete also eine Untersuchung gegen die Kardinäle und Bischöfe an, die zu diesen Freimaurerlogen gehörten. Er entdeckte, daß viele Spitzenbeamte des Vatikans Freimaurer waren, und ordnete an, sie aus dem Amt zu entfernen.

Seht ihr die Heuchelei? Dies sind die gleichen Leute, die das Gesetz geschaffen hatten, daß keine christlichen Priester Freimaurerlogen beitreten durften; aber der Vatikan selbst, die Kardinäle und Bischöfe und Erzbischöfe wurden als Mitglieder von Freimaurerlogen entlarvt. Und weil Johannes Paul I. angeordnet hatte, daß sie aus dem Amt entfernt werden sollten, war plötzlich die gesamte katholische Hierarchie und Bürokratie gegen diesen intelligenten Mann. In der ganzen Geschichte des Christentums war er vielleicht der einzige Papst mit etwas Intelligenz, mit etwas Menschlichkeit und Verständnis.

Gleichzeitig leitete er eine Untersuchung gegen die Bank des Vatikans ein, durch die aufgedeckt worden wäre, daß jährlich Hunderte von Millionen Dollar an Mafiageldern aus Heroinhandel durch diese Bank „weißgewaschen" wurden.

Das sind eure religiösen Institutionen. Die Bank des Vatikans selber ist nichts anderes als die größte Mafiaorganisation – und sie untersteht direkt dem Papst. Hunderte von Millionen Dollar an Heroingeldern ... und sie reden und wettern fröhlich weiter gegen Drogen, und hinter den Kulissen handeln sie selber mit Drogen.

Er berief gleichfalls eine Konferenz ein, in der er erklären wollte, daß die Kirche für die Geburtenkontrolle ist. Er war wirklich ein Mann, der wußte, was er tat – er wollte die Pille die „katholische Pille" nennen. Aber noch ehe einer dieser Befehle in die Tat umgesetzt werden konnte, wurde er unter verdächtigen Umständen tot aufgefunden.

Er wurde ermordet. Beamte des Vatikans sagten, daß es sich um einen Herzinfarkt gehandelt hätte, aber das stimmt absolut nicht, denn sein eigener Leibarzt hat ausgesagt: „Sein Herz war völlig in Ordnung – er hat nie Herzbeschwerden gehabt.“ Und das Auffälligste war, daß man seinen Leibarzt erst gar nicht gerufen hatte. Stattdessen ordneten die Vatikanbeamten eine sofortige Einbalsamierung an und verweigerten seinem Leibarzt, den Körper zu untersuchen – selbst den toten Körper. Sie verweigerten ebenfalls eine Obduktion. Es wurde kein Totenschein ausgestellt – selbst bis heute nicht. Offiziell lebt er also noch, denn es ist nie eine Todesurkunde für ihn ausgestellt worden.

Erst nachdem sie ihn einbalsamiert hatten, wurde eine Obduktion vorgenommen; aber wenn man eine Leiche erst einmal einbalsamiert hat, wenn man erst einmal alles Blut aus dem Körper gezogen hat und ihn mit Chemikalien gefüllt hat, läßt sich unmöglich mehr feststellen, ob er vergiftet wurde oder was sonst passiert ist. Aber die ganze Situation ist sehr klar: Eingeweihte wissen, daß er, als seine Leiche aufgefunden wurde, in seiner verkrallten Hand Papiere hielt, Papiere, auf die er seinen letzten Willen aufgeschrieben hatte.

Vielleicht hat er, als ihm mitten in der Nacht klar wurde, daß er vergiftet worden war, daß er jetzt sterben würde, versucht, seinen letzten Willen aufzuschreiben; oder er hat vielleicht versucht aufzuschreiben, was mit ihm passiert war, was man ihm angetan hatte. Aber all diese Papiere sind auf mysteriöse Weise verschwunden, zugleich mit seinen Medikamenten und seinem letzten Willen.

Man hat daher vermutet, daß man ihm Gift in seine Medizin gemischt hat und daß er das Gift getrunken hat, in der Annahme, daß es seine Medizin ist. Sobald die Wirkung des Giftes einzusetzen begann, muß er versucht haben, seinen letzten Willen niederzuschreiben, und aufzuschreiben versucht haben, daß er das Gefühl hatte, vergiftet worden zu sein, und daß er jetzt stirbt. Und die Leute, die ihn zuerst fanden, haben das Testament, das er in seiner verkrallten Hand hielt, gesehen.

Und das Erstaunlichste ist: Sogar noch bevor seine Leiche gefunden wurde, waren schon Vorkehrungen für die Einbalsamierung der Leiche getroffen worden. Denn die Leute, die an der Verschwörung teilnahmen, hatten daran gedacht, daß die Einbalsamierer sofort am

Morgen zur Stelle sein mußten; also wurde alles vorher bis ins kleinste Detail geplant.

Es war kein zufälliger Tod.

Auf ihn folgte Papst Johannes Paul II, der Pole, der alle Geburten-Kontrollmethoden außer der Kalender-Methode verbot – obwohl der Vatikan selbst eine Gesellschaft besaß, die die Pille herstellte. Ebenfalls hob er das Kirchengesetz auf, das die Mitgliedschaft in Freimaurerlogen verboten hatte, und er beförderte Marcinkus, den Leiter der Vatikan-Bank, zum Erzbischof und holte ihn in seinen persönlichen Mitarbeiterstab – eben den Mann, der all die Mafia-Heroingelder über seine Bank laufen ließ.

1982 war Erzbischhof Marcinkus in einen riesigen Finanzskandal verwickelt gewesen, nachdem eine italienische Bank zusammengebrochen war. Einer seiner Geschäftsfreunde wurde unter einer Londoner Brücke erhängt aufgefunden. Und ein weiterer Kollege, der im Gefängnis saß, weil ihm der Mord an einem Polizeikommissar zur Last gelegt wurde, starb, nachdem er eine Tasse Kaffe mit Zyanid getrunken hatte. Genau diese Leute wären die Zeugen gegen Erzbischof Marcinkus gewesen; diese beiden Leute waren in alle Geheimnisse eingeweiht – und beide wurden getötet.

Gegen den Erzbischof war ein Haftbefehl ausgestellt worden, aber der Vatikan ist ein selbständiger Staat – nur zwanzig Quadratkilometer groß – ,und die italienische Regierung hat nicht die Macht, sich in die Angelegenheiten des Vatikans einzumischen. Und der Papst versteckte den Mann im Innern des Vatikans; der Haftbefehl mußte draußen warten.

Das sind eure religiösen Führer.

Der Polen-Papst tadelte dann auch aufs strengste alle Priester in aller Welt, die sich in die Politik einmischen; aber er selbst ließ einhundert Millionen Dollar aus Vatikan-Geldern an die Gewerkschaft „Solidarität“ in Polen überweisen, als diese sich gegen die kommunistische Regierung erhob.

Ich bin gegen organisierte Religion, denn sobald irgendetwas organisiert wird, verfolgt es seine eigenen Machtinteressen. Dann ist alle Religion vergessen, andere Dinge werden wichtiger. Und die Wahrheit und die Suche nach Wahrheit erfordern einen totalen Einsatz; da darf nichts anderes im Wege stehen.

Organisierte Religion wird zum Gefängnis. Sie gibt dir vorgefertigte Glaubenssätze, und deine einzige Funktion ist es, daran zu glauben – egal ob sie vernünftig und logisch sind oder nicht. Du darfst nicht auf dich selbst gestellt experimentieren, denn wer weiß? – vielleicht findest du etwas, was gegen die offizielle Lehrmeinung verstößt.

Aber die offizielle Lehrmeinung kann nicht zu deiner Erleuchtung werden. Die offizielle Lehrmeinung kann dich gebildet und gelehrt machen, aber sie kann dich nicht weise machen; sie kann dich nicht intuitiv machen, sie kann dir nicht Gott bewußt machen.

Ich kritisiere den Papst, weil er nicht nur das Oberhaupt einer organisierten Religion, sondern auch das Oberhaupt eines Staates ist; es ist zwar nicht viel dran an diesem Staat – zwanzig Quadratkilometer – ,aber dennoch, er wird als Oberhaupt eines Landes anerkannt. Er hat seine Vertreter in der UNO, er hat seine Botschafter in verschiedenen Ländern.

Religion ist etwas so Hohes, und Politik etwas so Niedriges, daß man sich eines merken muß: Wann immer es zur Vermischung von etwas Niedrigem mit etwas Höherem kommt, dann ist es jedesmal das Höhere, was verdorben wird – nicht das Niedere. Es ist immer das Höhere, was seine höhere Qualität einbüßt. Das Niedrigere hat nichts zu verlieren, es kann nicht tiefer fallen – es ist schon so tief wie möglich gefallen.

Religion und Politik sollten getrennt sein. Und im gleichen Augenblick, wo Religion organisiert wird, wird sie zu Politik. Darum darf Religion einfach nicht organisiert werden; sie sollte jedermanns private, persönliche, innerste Suche sein.

Zumindest dies eine sollte dem einzelnen überlassen bleiben – ein Bereich, wo er total frei ist, wo kein anderer für ihn entscheidet, wo er seine Schwingen ausbreiten kann wie ein Adler und durch die Sonne fliegen kann – ohne Ketten, ohne Fesseln, ohne Hindernisse.

Religion blüht nur in einem Herzen auf, das absolut frei ist von allen Glaubensvorschriften, allen Glaubenssätzen, allen Kirchen, allen Moscheen.

Ich hätte die ganze Welt gern religiös, aber nicht als Christen, nicht als Katholiken, nicht als Hindus, nicht als Mohammedaner – einfach nur religiös ist genug.

Könnt ihr eine so einfache Tatsache nicht sehen? Ehrlichkeit ist Ehrlichkeit – sie ist weder christlich noch hinduistisch. Wahrheit ist einfach Wahrheit – sie kann nicht die von Mohammed sein, sie kann nicht die von Jesus sein. Liebe ist einfach Liebe – sie kann nicht östlich und sie kann nicht westlich sein. Mitgefühl ist Mitgefühl – es gehört keiner Rasse, keinem Land, keinem Klima an; es ist weder geographisch noch geschichtlich bedingt. Und genau das sind die Merkmale eines religiösen Bewußtseins.

Meditation ist einfach genauso wissenschaftlich wie Physik, die ihr auch akzeptiert, ohne erst zu fragen, ob es hinduistische oder mohammedanische Physik ist, oder wie ihr Chemie akzeptiert, ohne je zu überlegen, ob sie etwa protestantisch oder katholisch ist... Wenn ihr zum Arzt geht, fragt ihr euch auch nicht, ob seine Medikamente hinduistisch oder buddhistisch sind.

Die innere Wirklichkeit ist einfach nur Stille: Tausende von Blumen blühen dort, aber sie gehören zu keiner Organisation. Sie sind die Belohnung für deine eigene Suche, für dein eigenes Nach-innengehen.

All diese organisierten Religionen stehlen der Menschheit im Grunde die Religion, weil sie euch in die Irre führen. Sie führen euch immer nach außen – ihr Gott ist weit weg im Himmel. Und wenn ihr betet, eure Hände gen Himmel faltet, merkt ihr garnicht, daß da niemand ist, der euch hört. Tatsächlich ist aber der, der da betet – der, der in euch lebendig ist, der, der in euch atmet – der Gott.

Ihr müßt es nur entdecken. Es liegt verborgen unter den Schichten eurer falschen Persönlichkeit. Sucht danach, in all eurer Unschuld, und das Leben wird eine reine Freude werden, ein Lied ohne Worte, ein Tanz, ein Fest.

Und ganz am Ende eures Freudenfestes werden euch nur noch Tränen der Dankbarkeit bleiben. Und ich kann mir nicht denken oder vorstellen, daß diese Tränen der Dankbarkeit zu irgendeiner Religion gehören. Sie gehören zum einzelnen Herzen, welches vor Dank an die Schöpfung überfließt.

THE HIDDEN SPLENDOR – 16. März 1987, abends (1. Frage)

# Frieden und Krieg

*Bhagwan,*
*Was haben die Politiker seit dem Ende des Zweiten Weltkrieges getan, als offiziell der Frieden in der Welt wiederhergestellt wurde?*

ES HAT NIE einen Frieden gegeben. Es hat in der Geschichte immer nur zwei Perioden gegeben: die Periode, die wir als Krieg kennen, und die Periode, die wir Frieden nennen und die nichts weiter ist als ein Täuschungsmanöver. In Wahrheit sollte es heißen: Vorbereitung für den nächsten Krieg. Die Menschheitsgeschichte besteht nur aus zweierlei Dingen: Krieg und Vorbereitung zum Krieg. Und du fragst mich: „Was haben die Politiker seit dem Ende des Zweiten Weltkrieges getan, als offiziell der Frieden in der Welt wiederhergestellt wurde?"

Die Politiker haben seither genau das getan, was sie schon immer getan haben: mehr Konflikte geschaffen, mehr Unruhen, mehr Diskriminierungen, mehr destruktive Waffen – und sich auf den dritten Weltkrieg vorbereitet.

Albert Einstein wurde einmal gefragt: „Sie als der Wissenschaftler, der die Atomenergie geschaffen hat, werden sicher in der Lage sein, uns ein Bild zu geben, was im dritten Weltkrieg passieren wird."

Einstein hatte Tränen in den Augen und sagte: „Fragen Sie mich nichts über den dritten Weltkrieg, ich weiß nichts darüber. Aber wenn Sie etwas über den vierten Weltkrieg wissen wollen, kann ich Ihnen gern Auskunft geben."

Der Journalist, der die Frage stellte, war höchst überrascht und erstaunt: Wie – der Mann kann nichts über den dritten Weltkrieg sagen, weil er nichts darüber wisse, aber über den vierten Weltkrieg ist er bereit, etwas auszusagen? Aufgeregt fragte er: „Dann sagen Sie mir doch bitte etwas über den vierten Weltkrieg."

Einstein sagte: „Darüber läßt sich nur eines sagen – daß er nie stattfinden wird. Der dritte Weltkrieg wird auch der letzte Weltkrieg sein." Auf diesen allerletzten Weltkrieg haben sich die Politiker vorbereitet, seit der Frieden nach dem Zweiten Weltkrieg offiziell wiederhergestellt wurde.

Die Politiker – und das Spiel, das sie treiben – sind das Allerschmutzigste, was man sich vorstellen kann. Wir sehen einer dunklen Nacht entgegen, und ich muß an ein altes Sprichwort denken, das besagt: „Wenn die Nacht am dunkelsten ist, ist die Dämmerung nicht mehr weit." Aber diesmal zögere ich zu sagen, daß diese dunkle Nacht, die uns umgibt, überhaupt noch eine Dämmerung haben wird.

Ich will euch nur einmal genau sagen, was passiert ist seit 1945 – und die Menschen werden darüber in absoluter Unwissenheit gehalten. Es ist ihnen nicht bewußt, daß sie auf einem Vulkan sitzen, der jeden Augenblick ausbrechen kann. Sie sind vollauf mit trivialen Dingen beschäftigt, und die wirklichen Probleme werden unter den Teppich gekehrt, als würden sie nicht existieren.

Seit 1945 sind in 66 Ländern 105 Kriege ausgelöst worden – allesamt in der Dritten Welt. Man ist sofort versucht zu fragen, warum in der Dritten Welt? Deshalb, weil Amerika und die Sowjetunion beide so weit fortgeschritten sind in der Herstellung destruktiver Waffen, daß die Waffen, die man im Zweiten Weltkrieg einsetzte, inzwischen veraltet sind. Sie sind für sie nutzlos geworden. Irgendwo müssen sie verkauft werden. Irgendein Markt wird gebraucht, und ein Markt dafür ist nur möglich, wenn irgendwo Krieg ist.

Amerika liefert unentwegt Waffen an Pakistan; dann nimmt natürlich Indien der Sowjetunion ihre Waffen ab, und dasselbe passiert überall in der Dritten Welt. Das eine Land kauft veraltetes Material aus der Sowjetunion, und sein Feind kauft dann in Amerika ein. Das ist ein gutes Geschäft.

Und sie wollen nicht, daß diese Länder aufhören, Kriege zu führen, denn wo sollten sie sonst ihre Waffen verkaufen, für die sie Milliarden von Dollars ausgegeben haben? Und diese armen Länder und ihre Politiker sind bereit zu kaufen, obwohl ihr Volk vor Hunger stirbt – fünfundsiebzig Prozent ihres Budgets wird in den Krieg gesteckt.

Im Durchschnitt hat jeder Krieg dreieinhalb Jahre gedauert. Wer sagt also, daß der Friede je wiederhergestellt wurde? 105 Kriege in 66 Ländern, und jeder Krieg mindestens dreieinhalb Jahre lang – und das nennt ihr Frieden?

Sechzehn Millionen Tote hat es seitdem gegeben. Im Zweiten Weltkrieg hatte es ebenfalls Millionen von Toten gegeben. Seit dem Zweiten Weltkrieg, also in der Friedenszeit, sind sechzehn Millionen Menschen durch Kriege getötet worden – und ihr redet noch immer von Frieden?

Aber die Politiker sind so gerissen, und die Menschen so blind, daß sie einfach nicht die Augen aufmachen wollen für das, was passiert. Sie streiten sich immerzu über geringfügige Fragen: Welcher Bezirk zu welchem Land gehören soll. Hier ganz in der Nähe liegt zum Beispiel der Bezirk Belgaum: soll er bei Maharaschtra bleiben? Denn es ist ein Grenzbezirk – ein Grenzstaat zwischen Karnataka und Maharaschtra.

Es wohnen dort Vertreter beider Sprachen, und seit drei Jahrzehnten bringen sie sich gegenseitig um. Und selbst eine so geringfügige Angelegenheit kann nicht beigelegt werden, genauer gesagt, niemand will sie beilegen. Denn wo liegt das Problem? Einfach ein kleines Plebizit, eine allgemeine Abstimmung unter neutralem Vorsitz, und die Menschen können entscheiden, wohin sie gehören wollen. Es besteht kein Grund, sich gegenseitig umzubringen. Aber es scheint, daß die Politiker ein tiefes Interesse daran haben, daß es immer irgendwo kriselt, so daß sie gebraucht werden.

Sechzehn Millionen sind umgebracht worden, und trotzdem erzählt man in jeder Schule und jedem College und jeder Universität weiter: „Wir leben in Friedenszeiten." Tatsächlich war der Weltkrieg dagegen fast friedlicher... Ein paar Millionen Tote, und der Frieden hat fast dreimal soviel getötet.

Die Mehrzahl der Kriege hat in Asien stattgefunden. Eine der Strategien der mächtigen Länder und ihrer Politiker ist es, ihre Konflikte immer in irgendein anderes Land zu verlegen: Die Sowjetunion und Amerika bekämpfen sich lieber in Afghanistan, so daß die Menschen Afghanistans getötet werden. Afghanistan wird zum Friedhof, und Amerika und die Sowjetunion haben beide ihren Profit am Waffenverkauf. Sie schicken ihre Experten, ihre Waffen; sie schulen die Afghanis, und Afghanis töten andere Afghanis. Die eine Seite hat Waffen aus Amerika, die andere Seite hat Waffen aus der Sowjetunion.

Neun Millionen Zivilisten sind seit Hiroshima in konventionellen Kriegen getötet worden. In früheren Zeiten wurden nie die Zivilisten getötet. Es ist absolut absurd: Wenn eure Armeen kämpfen, dann laßt dic Leute getötet werden, die in den Armeen kämpfen, aber jetzt scheint es da kein Erbarmen, keine Vernunft mehr zu geben – neun Millionen Menschen, alles Zivilisten, werden getötet! Es können kleine Kinder sein, Frauen, alte Menschen, die alle nichts mit dem Krieg zu tun haben, die vielleicht gerade in ihren Schulen lesen, die vielleicht gerade in ihren Fabriken arbeiten oder in ihren Küchen kochen.

Erst vor kurzem, als Ronald Reagan ohne jeden Grund Libyen angriff, hat er Zivilbereiche in Libyen bombardiert. Seine Zielscheibe war Gaddafi, und weil Gaddafi drei Häuser in der Stadt hat, mußten alle seine drei Häuser bombardiert weden. Und als seine Häuser bombardiert wurden, wurden andere Häuser mitverbrannt und bombardiert. Gerade jetzt haben Nachforschungen ergeben, daß während des Bombenangriffs gleichzeitig professionelle Killer im Innern Libyens nach Gaddafi suchten, für den Fall, daß er nicht durch die Bomben getötet wurde, daß er nicht zu Hause war. Sie warfen also Bomben auf Zivilisten, und berufsmäßige Mörder suchten gleichzeitig im Innern des Landes nach Gaddafi.

Sie konnten nur Gaddafis Tochter töten. Und weder Gaddafi noch die Libyer hatten ihnen etwas getan.

Und der Zufall wollte es, daß am gleichen Tag, als England Ronald Reagan erlaubte, England als Basis für die Bombardierung Libyens zu benutzen, das englische Parlament mir verbot, mich für sechs Stunden im Flughafen aufzuhalten – im Wartesaal! – weil ich ein gefährlicher Mann bin! Und einem Ronald Reagan wird erlaubt, England dazu zu benutzen, ein unschuldiges Land zu bombardieren, das ihm keinen Schaden zugefügt hat!

Die Menschheit erlebt eine Nacht, dunkel wie nie zuvor.

Das gegenwärtige Kriegsbudget liegt bei 700 Milliarden Dollar pro Jahr. Jedes Jahr sterben fünfzehn Millionen Menschen an Unterernährung und Seuchen, und jedes Jahr werden 700 Milliarden Dollar für Kriegsführung ausgegeben.

Jede Minute sterben dreißig Kinder aus Mangel an Nahrung und teuren Impfstoffen. Und jede Minute werden weltweit 1,3 Millionen Dollar aus öffentlichen Geldern für militärische Zwecke ausgegeben.

Es scheint als hätten wir kein Interesse am Leben mehr, als seien wir zum Selbstmord entschlossen. Der Mensch war noch nie in einer so selbstmörderischen Verfassung, in der ganzen Weltgeschichte noch nicht.

250 Millionen Kinder haben noch nicht einmal eine Grundschulausbildung bekommen; ein einziges Atom-U-Boot entspricht dem

jährlichen Bildungsetat für 160 Millionen Schulkinder in dreiundzwanzig Entwicklungsländern. Ein einziges U-Boot! Und es gibt Tausende von U-Booten, die überall auf der Welt durch das Meer kreuzen – sowohl amerikanische wie russische – und jedes U-Boot hat Atomwaffen mit der sechsfachen Kapazität aller Waffen des Zweiten Weltkrieges zusammengenommen. Und sie sind so teuer, daß wir dafür unsere Kinder mit allem, Bildung und Nahrung, versorgen könnten. Aber das liegt nicht in unserem Interesse.

Und es sind die Politiker, die nicht wollen, daß man ihnen dreinredet, und die die Menschheit absolut unter ihrer Kontrolle haben wollen – nur niemanden über sich haben!

Die Wälder der Welt verschwinden in einem jährlichen Tempo von achtzehn bis zwanzig Millionen Hektar – eine Fläche so groß wie halb Kalifornien, und Kalifornien ist eines der größten Gebiete in den USA. Innerhalb der nächsten zwanzig bis dreißig Jahre werden alle tropischen Wälder verschwunden sein, und die Folgen sind ungeheuerlich, denn diese Wälder versorgen uns mit Sauerstoff und Leben. Wenn diese Wälder in dem Tempo verschwinden, wie sie jetzt verschwinden, wird die Menschheit nicht wissen, wo sie genug Sauerstoff herbekommt – woher nehmen?

Und auf der anderen Seite atmen diese Wälder alles Kohlendioxyd ein, das ihr ausatmet. Wenn diese Wälder nicht da wären... schon jetzt hat sich eine sehr dicke Schicht von Kohlendioxyd am Himmel, genau an der Grenze unserer Atmosphäre, angesammelt. Wegen dieses Kohlendioxyds steigt die Temperatur der Atmosphäre laufend an. Sie ist bereits vier Grad höher als sie je zuvor gewesen ist.

Und wenn alle Wälder verschwinden, wird die Temperatur auf Dauer so hoch ansteigen, daß zweierlei passieren wird: Erstens wird alles Leben ein Ende haben, und zweitens wird das Eis am Nord- und Südpol, im Himalaja, in den Alpen und in anderen Gebirgen vor Hitze zu schmelzen beginnen, wodurch alle Meere um zwölf Meter steigen werden. Das wird all unsere Städte, all unsere Länder überfluten, wird fast die ganze Erde ertränken; und es wird keine Flut sein, die wieder verebben wird.

Aber diese Politiker wollen einfach nicht aufhören. Erst vor ein paar Monaten war ich in Nepal. Nepal ist das ärmste Land der Welt, aber statt mit seinen Kriegsvorbereitungen aufzuhören, hat es seine Wälder – die ewigen Wälder des Himalajas – an die Sowjetunion verkauft. Und die Sowjetunion hat ganze Berge abgeholzt und verdorren lassen. Und wozu? Um mehr Zeitungen zu machen.

Wozu brauchen wir so viele Zeitungen? Es steht fast jeden Tag dasselbe drin, und es gibt heute viel bessere Mediensysteme; Zeitungen sind veraltet: Es gibt das Radio, es gibt das Fernsehen – warum haltet ihr an Zeitungen fest und zerstört alle Wälder? Nur, weil all diese Politiker, Präsidenten und Kanzler ihr Foto auf der Titelseite sehen wollen, und ihre Reden, die einfach nur dumm dahergeredet sind, gedruckt sehen wollen – ohne Rücksicht darauf, welchen Schaden sie anrichten.

Für den gleichen Zeitraum rechnet man mit einem Ansteigen der Weltbevölkerung um dreißig bis vierzig Prozent, von fünf Milliarden auf sieben Milliarden. Dieser Bevölkerungszuwachs allein wird den Wasserbedarf fast der halben Erde verdoppeln.

Nahrung ist schon eine Sache für sich, und nun wird sogar das Wasser zum Problem, denn der Bedarf wird sich verdoppeln, und so viel Trinkwasser haben wir nicht. Außerdem heißt es in Uno-Berichten: „Zwanzig Millionen Hektar Acker- und Weideland sinken weltweit pro Jahr auf den produktiven Nullpunkt. Mehr als 1000 Pflanzen- und Tierarten sterben jedes Jahr aus“ – und man erwartet, daß diese Quote ansteigen wird. Jährlich leiden eineinhalb bis zwei Millionen Menschen in den Entwicklungsländern an akuten Pestizidvergiftungen, und die Todesfälle durch Pestizide werden auf zehntausend pro Jahr geschätzt.

Beamte der indischen Planungskommission haben vor kurzem berichtet: „Wir stehen in Indien am Rande einer ungeheuren ökologischen Katastrophe, denn unsere Wasserreserven trocknen aus. Was heute in Afrika passiert, wird in ein paar Jahrzehnten in Indien passieren.“

Eure Bevölkerung wächst immer weiter, euer Land wird immer unfruchtbarer, eure Wasserversorgung nimmt immer mehr ab, und weil die Wälder abgeholzt wurden, verursachen die Flüsse, die durch Nepal nach Bangladesh fließen, jedes Jahr Überschwemmungen, wie man sie noch nie erlebt hat: Tausende von Menschen sterben, Tausende von Dörfern verschwinden einfach von der Erdoberfläche – denn diese dicken Bäume sorgten früher dafür, daß die Flüsse langsam flossen. Jetzt gibt es keine Bäume mehr, und die Flüsse kommen mit solcher Kraft, daß das Meer nicht so viel Wasser auf einmal aufnehmen kann. Das Wasser fängt an zurückzuströmen, und dieses zurückkehrende Wasser verursacht die Fluten in Bangladesh.

Weder die indischen Politiker noch die nepalesischen Politiker sind bereit, das Fällen der Bäume einzustellen. Kein Mensch interessiert sich für menschliches Leben. Kein Mensch interessiert sich für die Frage, was für uns die Priorität ist.

Ein armes Land wie Indien hat so viele Zeitungen, so viele Zeitschriften, und sie sind alle absolut überflüssig! Und dieses Druckpapier für die Zeitungen wächst nicht auf den Feldern, es fällt auch nicht vom Himmel – man muß dafür Bäume fällen. Bäume verschwinden, die lange gebraucht haben, um heranzuwachsen, zweihundert Jahre, zweihundertfünfzig Jahre.

Und was habt ihr mit euren Zeitungen gewonnen?

Die Politiker sind die wirklichen Verbrecher – nicht die Verbrecher, die in euren Gefängnissen sitzen. Die Welt wäre sehr viel besser dran, wenn man sie einfach austauschte: alle Politiker in die Gefängnisse, und alle Verbrecher in die Positionen der Politiker. Sie würden sich als menschlicher erweisen.

Die Politiker vertuschen die Tatsachen solange wie möglich. Als ob man durch das Vertuschen der Tatsachen irgendetwas verändern könnte!

Viele Länder weigern sich jetzt, öffentlich zu erklären, wieviele Homosexuelle sie haben. Familien geben nicht zu, daß ihr Verwandter, der gestorben ist, an Aids gestorben ist. Sie bestechen die Ärzte, um sich bestätigen zu lassen: „Er ist an einem Herzinfarkt oder an Krebs gestorben." Denn die Familie ist mehr um ihre Ehre besorgt, darum, was die Leute denken – „soso, jemand aus Ihrer Familie ist an Aids gestorben?!"

Aber es zu vertuschen, bedeutet... Dieser Tote hatte eine Frau; vielleicht hat er die Krankheit auf seine Frau übertragen, und wenn sie Kinder bekommt, können sie mit dieser Krankheit zur Welt kommen. Und niemand wird es erfahren, und sie werden es immer weiter verbreiten.

Denn diese Krankheit ist keine gewöhnliche Geschlechtskrankheit; alle Flüssigkeiten, die aus deinem Körper kommen, sogar deine Tränen, enthalten das Virus. Wenn ein Kind weint, und du ihm einfach aus Freundlichkeit und Mitleid die Tränen abwischst, besteht schon Gefahr – vielleicht holst du dir Aids. Speichel enthält das Virus; und die gesamte Menschheit wird darüber im Unklaren gelassen. Das Küssen sollte jetzt eingestellt werden, und zwar völlig.

Nur eine ganz kleine Gruppe innerhalb der Menschheit, die Menschen, die in der Arktis leben, die Eskimos, haben als einziges Volk in der gesamten Geschichte nie geküßt. Und als sie zum ersten Mal sahen, wie christliche Missionare küßten, konnten sie es nicht glauben: „Wie schmutzig doch diese Leute sind, sie vermischen ihren Speichel! Sind das Menschen oder irgendwelche Monstren?“

Sie selbst gehen da sehr viel wissenschaftlicher und sehr viel hygienischer vor. Sie küssen nicht, um ihre Liebe zu zeigen – denn das kann keine Liebe sein, sondern Tod – sondern reiben ihre Nasen aneinander; das scheint sehr sauber zu sein, außer man hat einen Schnupfen.

Kürzlich ist man zu dem Ergebnis gekommen, daß zur Zeit zehn Millionen Menschen an Aids leiden; und dieser Bericht ist durchaus nicht umfassend, denn Länder wie Indien haben keine Möglichkeit, haben keine Mittel, das herauszufinden. Nur sehr entwickelte Länder haben herausgefunden, daß zehn Millionen Menschen erkrankt sind... Durchaus möglich, daß in diesen zurückgebliebenen Ländern mindestens 100 Millionen Menschen erkrankt sind.

Zum Beispiel ist Aids in Afrika mehr verbreitet als irgendwo sonst. Und es ist niemals bekanntgemacht worden, daß die Afrikaner zwar keine Homosexuellen sind, Sex aber in einer merkwürdigen Perversion praktizieren: sie lieben Frauen, aber nicht von vorn.

Es gibt überall auf der Welt in kleinen Dörfern Menschen, die sogar mit Tieren Geschlechtsverkehr haben – und sie haben an Tiere Aids weitergegeben! Und jetzt geben die Tiere dieses Aids durch ihre Milch, durch ihr Fleisch weiter. Die Dinge sind völlig der menschlichen Kontrolle entglitten.

Kein Arzt möchte... selbst wenn er erfährt, daß sein Patient Aids hat, möchte er es ihm nicht sagen, weil dann der Patient von ihm verlangen wird: „Behandle mich!“ Und es gibt keine Behandlung. Also versucht es der Arzt damit, dem Patienten einzureden: „Du hast irgendeine andere Krankheit“, und schickt ihn zu einem anderen Experten, denn solange er mit dem Aids-Patienten in Berührung bleibt, ist der Arzt in Gefahr, sind die Schwestern in Gefahr, ist die ganze Praxisbelegschaft in Gefahr.

Einer der Berichte, die ich sah, betraf Gefängnisse... Dreißig Prozent der Leute in Gefängnissen sind homosexuell. Und es scheint sich nicht um einen genauen Bericht zu handeln. Das muß das Minimum sein, was die Gefängnisverwaltungen zuzugeben bereit sind. Denn Leute, die zwanzig, dreißig Jahre in Gefängnissen leben und nicht in Kontakt mit Frauen kommen können, müssen sich zwangsläufig gegenseitig Homosexualität aufdrängen.

Das Einfachste wäre doch... es gibt Sondergefängnisse für Frauen – aber warum müssen sie abgesondert werden? Die Gefangenen sollten gemischt leben, Männer und Frauen zusammen, und dann kann Aids und Homosexualität vermieden werden. Aber die Politiker wollen sich vor lauter Angst nicht dazu äußern. Ihr einziges Ziel ist, nur Dinge zu sagen, die den Leuten gefallen, Dinge, die nicht gegen das allgemeine Vorurteil verstoßen, gegen das traditionelle Denken – denn sie sind auf die Stimmen der Leute angewiesen.

Das ist der Grund, warum ich sagte, daß die Politiker sich immer vom religiösen Menschen Rat holen sollten, und daß diesem Rat die äußerste Aufmerksamkeit gezollt werden sollte. Doch Rajiv Gandhi behauptet, daß religiöse Menschen sich nicht in die Angelegenheiten der Politiker mischen sollten! Die Politiker dürfen sich aber in die Angelegenheiten der religiösen Menschen einmischen – darüber hegt er keine Zweifel.

Es ist eine Katastrophe. Aber so geht es weiter und weiter, und die Zeit wird sehr knapp.

Früher hatte ich noch große Hoffnung. Und selbst heute hoffe ich aller Hoffnung zum Trotz immer noch weiter, daß der Mensch in einer so gefährlichen Situation doch vielleicht aufwachen wird. Aber es scheint auch eine gewisse Trauer in meinem Herzen zu sein, denn ich kann sehen, daß wenn nichts geschieht, dieses Jahrhundert unser Ende bringen wird.

Und nicht nur unser Endc, sondern auch das Ende des ganzen Traumes der Existenz, Bewußtsein hervorzubringen. Das ist ihr bisher nur auf diesem Planeten gelungen. Es gibt Millionen von Sternen, und jeder Stern hat Dutzcndc von Planeten; nur auf diesem kleinen Planeten ist das Wunder geschehen, daß nicht nur Leben existiert, sondern auch Bewußtsein; daß nicht nur Bewußtsein existiert, sondern daß es Menschen gibt, die bis zum äußersten Gipfel des Bewußtseins gelangt sind: einen Gautam Buddha, einen Sokrates, einen Phytagoras, einen Chuang Tzu.

Das Verschwinden allen Lebens von diesem kleinen Planeten wird das gesamte Universum so arm machen, daß es Jahrmillionen dauern wird, bis dieser Zustand wieder erreicht sein wird, wo Bewußtsein erleuchtet werden kann.

Meine Trauer betrifft nicht mich selbst. Ich bin absolut erfüllt. Der Tod kann mir nichts nehmen. Meine Trauer betrifft die gesamte Menschheit, weil ihr Tod ihr jegliche Gelegenheit nehmen wird, erleuchtet zu werden, selig zu werden, den Sinn und die Bedeutung zu erkennen. Sie hat in Dunkelheit gelebt, soll sie nun auch noch in Dunkelheit sterbcn?

Ich wünschte mir, daß wenigstens meine Leute keine Zeit darauf verschwenden, ihr eigenes Wachstum hinauszuschieben, denn die Politiker haben es absolut darauf angelegt, sich gegenseitig zu zerstören, alles und jeden zu zerstören. Ihre Gier nach Macht hat den Höhepunkt erreicht. Bevor es ihnen gelingt, einen globalen Selbstmord auszulösen, solltet wenigstens ihr den Gott erkannt haben, der in euch existiert.

Und ihr solltet eure Freude und eure Stille und euer Lachen jedem weitergeben, mit dem ihr in Berührung kommt. Ihr könnt euren Freunden, euren Bekannten, euren Geliebten, euren Kindern, kein besseres Geschenk machen.

Die Zeit ist sehr knapp, und die Arbeit ist ungeheuer. Aber wenn ihr Mut habt, könnt ihr die Herausforderung annehmen. Verlaßt euch nicht auf Politiker; sie können nichts machen; sie sind sich nicht einmal bewußt, wohin sie die Menschheit geführt haben – in was für eine Dunkelheit.

THE HIDDEN SPLENDOR – 15. März 1987, abends (1. Frage)

# Überhaupt nichts Neues

*Bhagwan,*

*Kannst Du bitte etwas zu diesem*
*Gedicht von Rumi sagen, das ich so sehr liebe?*
*„Draußen – die frostige Wüstennacht.*
*Die andere Nacht hier drinnen wird warm,*
*entzündet sich. Mag die Landschaft*
*mit dorniger Kruste bedeckt sein –*
*hier drinnen haben wir einen sanften Garten.*
*Die Kontinente verheert, Städte, Dörfer,*
*alles wird zu einem verbrannten, verkohlten Ball.*
*Alles Neue, was man so hört, verkündet*
*nur Leid für die Zukunft.*
*Aber das eigentlich Neue hier drinnen ist,*
*daß es überhaupt nichts Neues gibt.“*

DIESES GEDICHT VON Mevlana Jalaluddin Rumi ist schön, wie alles von ihm. Er hat nur schöne Worte gesprochen. Er ist einer der bedeutendsten Dichter unter den Mystikern. Eine seltene Verbindung: Denn es gibt Millionen von Dichtern auf der Welt, und es gibt nur ein paar Mystiker auf der Welt, aber einen Mann, der beides ist, findet man selten.

Rumi ist eine sehr seltene Blüte. Er ist als Dichter so groß, wie er als Mystiker groß ist. Daher ist seine Dichtung nicht einfach nur Dichtung, nicht einfach nur eine schöne Anordnung von Worten. Sie enthält ungeheure Bedeutung und weist auf die letzte, höchste Wahrheit. Sie ist keine Unterhaltung, sondern Erleuchtung.

Er sagt: *„Draußen – die frostige Wüstennacht. Die andere Nacht hier drinnen wird warm, entzündet sich.“*

Draußen ist nicht der richtige Ort für dich. Draußen bist du ein Fremder, drinnen bist du zu Haus. Draußen ist frostige Wüstennacht, drinnen ist es warm, wird ein Feuer entfacht, ist es heimelig.

Aber nur sehr wenige haben das Glück, von außen nach innen zu gelangen. Sie haben völlig vergessen, daß sie in sich selbst ein Zuhause haben; sie suchen danach, aber sie suchen an der falschen Stelle. Sie suchen ihr ganzes Leben lang, aber immer draußen; sie halten nie einen Moment lang inne, um nach innen zu schauen.

*„Mag die Landschaft mit dorniger Kruste bedeckt sein, hier drinnen haben wir einen sanften Garten."* Mach dir keine Gedanken darüber, was draußen passiert. Drinnen ist immer ein Garten, der dich gern willkommen heißt.

*„Die Kontinente verheert, Städte und Dörfer, alles wird zu einem verbrannten, verkohlten Ball. Alles Neue, was man so hört, verkündet nur Leid für die Zukunft."*

Diese Worte von Rumi sind heute wichtiger und bedeutsamer als zu der Zeit, als er sie schrieb. Er schrieb sie vor siebenhundert Jahren, aber heute ist es nicht nur eine symbolische Andeutung: Es wird tatsächlich Wirklichkeit werden.

*„Die Kontinente verheert, Städte und Dörfer, alles wird zu einem verbrannten, verkohlten Ball. Alles Neue, was man so hört, verkündet nur Leid für die Zukunft. Aber das eigentlich Neue hier drinnen ist, daß es überhaupt nichts Neues gibt."*

Dieser letzte Satz geht auf ein uraltes Sprichwort zurück, das besagt: ‚Keine Nachricht ist gute Nachricht'.

Ich wurde in einem sehr kleinen Dorf geboren, wo nur einmal die Woche der Postbote hinkam, und die Leute hatten Angst, daß er ihnen etwa einen Brief bringen könnte; sie waren froh, wenn sie sahen, daß kein Brief für sie kam. Und ab und zu kam ein Telegramm für irgendjemand. Schon das Gerücht, daß jemand ein Telegramm bekommen hatte, war ein solcher Schock im ganzen Dorf, daß alles zusammenströmte; und nur ein einziger Mann war gebildet genug, es zu lesen. Jeder hatte Angst: „Ein Telegramm? Das bedeutet irgendeine schlechte Nachricht." Denn warum sonst sollte man Geld auf ein Telegramm verschwenden?

Ich habe von Kindheit an gelernt, daß keine Nachricht gute Nachricht ist. Die Leute waren froh, wenn sie von ihren Verwandten, ihren Freunden oder anderen Leuten keine Nachrichten bekamen. Das bedeutete, daß alles in Ordnung war.

Rumi sagt: *„Alles Neue, was man so hört, verkündet nur Leid für die Zukunft. Aber das eigentllich Neue hier drinnen ist, daß es überhaupt nichts Neues gibt."* Alles ist still, und alles ist so schön, so friedlich, so selig, wie es immer schon war. Es gibt nicht die geringste Veränderung; deshalb gibt es nichts Neues.

Innen ist ewige Ekstase, immer und ewig.

Ich will noch einmal wiederholen, daß diese Zeilen vielleicht zu euren Lebenszeiten wahr werden können. Bevor das geschieht, müßt ihr den Ort in euch finden, wo es noch nie etwas Neues gegeben hat, wo alles ewig gleich ist, wo der Frühling nie kommt und nie geht, sondern immer bleibt, wo von Anfang an Blumen geblüht haben, falls es überhaupt einen Anfang gegeben hat, und wo sie blühen werden bis zum allerletzten Ende, falls es je ein Ende geben sollte. Tatsächlich gibt es weder Anfang noch Ende, und der Garten ist üppig, grün und voller Blumen.

Bevor die Außenwelt durch eure Politiker zerstört wird, geht in eure innere Welt hinein. Das ist die einzige Sicherheit, die noch bleibt, die einzige Zuflucht vor Atomwaffen, vor globalem Selbstmord, vor all diesen Idioten, die soviel Macht zum Vernichten haben.

Ihr könnt euch wenigstens selber retten.

Ich hatte einst Hoffnung. Aber als ich allmählich vertrauter wurde mit der Dummheit des Menschen, hoffte ich zwar noch weiter, doch mehr aus alter Gewohnheit. In Wirklichkeit aber hat mein Herz schon die Tatsache akzeptiert, daß nur einige wenige gerettet weden können. Die Menschheit im Großen ist entschlossen, sich zu zerstören. Und genau diese Leute... wenn du ihnen sagst, wie sie sich retten können, werden sie dich kreuzigen, werden sie dich zu Tode steinigen.

Nach meiner Reise um die Welt kann ich zwar immer noch lachen, aber jetzt mischt sich eine leise Trauer ein. Ich tanze noch immer mit euch, aber es geschieht nicht mehr mit dem gleichen Enthusiasmus wie vor zehn Jahren.

Es scheint, daß die höheren Mächte des Bewußtseins nichts gegen die niederen und primitiven Mächte der Politiker ausrichten können. Das Höhere ist immer zart wie eine Rosenblüte; man kann es mit einem Stein vernichten. Das heißt aber nicht, daß der Stein dadurch etwas Höheres wird als die Rosenblüte! Das heißt einfach, daß der Stein nicht weiß, was er tut.

Die Massen wissen nicht, was sie tun, und die Politiker gehören zur Masse. Und wenn Blinde führen, ist es praktisch unmöglich, sie aufzuwecken; denn das Problem ist nicht nur, daß sie schlafen – sie sind auch noch blind.

Es ist nicht mehr Zeit genug, ihre Augen zu heilen. Es ist zwar noch Zeit genug, sie aufzuwecken, aber nicht genug Zeit, ihre Augen zu heilen. Und so habe ich mich jetzt ganz auf meine eigenen Leute konzentriert. Das ist meine Welt; denn ich weiß, daß alle, die mit mir sind, zwar schlafen mögen, aber nicht blind sind.

Sie können aufgeweckt werden.

THE HIDDEN SPLENDOR – 15. März 1987, abends (3. Frage)

# TEIL II

*„Hier drinnen haben wir einen sanften Garten."*
Jalaluddin Rumi

# Katz und Maus

*Bhagwan,*

*Du sagst immer, Du hättest kein Interesse an der Außenwelt, kein Interesse an Politik. Trotzdem sprichst Du häufig über Politik und Politiker und teilst uns Deine Einsichten über die Probleme der Welt mit. Kannst Du bitte dazu Stellung nehmen?*

ICH HABE KEIN Interesse an der Außenwelt, kein Interesse an Politik, aber ich habe ein ungeheuer großes Interesse an euch, meinen Sannyasins. Ihr lebt in einer Welt, die häßlich und krank ist, schon mit einem Fuß im Grab. Und ich möchte nicht, daß ihr mit dieser kranken Welt untergeht.

Deswegen spreche ich gegen so vieles. Mein ganzes Interesse gilt euch, meinen Sannyasins. Ich spreche gegen Politik, weil ich nicht möchte, daß meine Sannyasins im Unklaren darüber gelassen werden, wer die wahren Verbrecher auf dieser Welt sind. Daher spreche ich gegen die Priester und die Religionen; denn ich will nicht, daß ihr ein unvollständiges Bild habt. Ihr sollt wissen, wer die Verbrecher sind. Das Problem ist, daß diese Verbrecher für große Führer, Weise, Heilige und Mahatmas gehalten werden, und daß sie überall auf der Welt ein enormes Ansehen genießen, so daß ihr nie darauf kommt, daß sie Verbrecher sein könnten. Also muß ich ständig darauf hinweisen, jeden Tag.

Ihr müßt euch bewußt machen, daß diese Leute die Verbrecher sind. Tatsächlich haben die Verbrecher der Welt nicht weiter geschadet: der eine ermordet einen Menschen, der andere stiehlt etwas – das ist gar nichts.

Ein einziger Adolf Hitler tötet Millionen von Menschen. Nun, in diesem Menschen steckt so viel Kriminalität, daß Millionen von Verbrechern dazugehören, um einen einzigen Adolf Hitler aufzuwiegen.

Also muß ich all diese Leute entlarven. Denn sie sind die Ursachen. Zum Beispiel mag es leichter zu verstehen sein, warum etwa die Politiker die Ursache vieler Probleme sind: Kriege, Morde, Massaker, Verbrennungen von Menschen. Etwas schwieriger wird es, wenn es um religiöse Führer geht. Bisher hat kein Mensch die Hand gegen sie erhoben. Sie sind jahrhundertelang ehrbare Leute geblieben, und mit der Zeit nimmt ihr Ansehen immer mehr zu. Die schwierigste Aufgabe für mich ist es, euch bewußt zu machen, daß es diese Leute sind, die – wissentlich oder unwissentlich, das ist egal – unsere Welt geschaffen haben.

Nun wird man bald überall auf der Welt von Aids reden, aber das hier ist der einzige Ort, wo ich sage, daß es eine religiöse Krankheit ist. Nirgendwo sonst wird das ausgesprochen. Im Gegenteil, die Priester sagen, es sei eine Strafe Gottes. Und die Menschen werden ihnen glauben – daß es eine Strafe für Homosexualität ist. Aber niemand wird fragen, wie Homosexualität überhaupt entstanden ist, oder wer für Homosexualität verantwortlich ist.

Und die Leute haben nicht genug Intelligenz, Zusammenhänge zu erkennen. Sie sehen nicht den einfachen Zusammenhang, daß es die Religionen waren, die den Menschen gepredigt haben, sexuell enthaltsam zu bleiben. Sie sind die Ursache für alle sexuellen Perversionen; wenn also jemand bestraft werden muß, dann sind es nicht die Homosexuellen; wenn jemand bestraft werden muß, dann sind es diese religiösen Führer, die die Enthaltsamkeit gepredigt haben. Homosexualität ist nur ein Nebenprodukt des Gebotes von der Enthaltsamkeit.

Die Journalisten, die hierher kommen, sind immer schockiert, weil sie nie gedacht hätten, daß ich der Religion die Schuld für Aids geben würde. Sie sehen es nicht, sie meinen, Welten lägen dazwischen. Das stimmt nicht. Und solange man nicht die wirkliche Ursache sieht, kann man gegen das Problem, das entstanden ist, nichts unternehmen.

Das erste, was passieren muß, ist jetzt, daß jede Regierung das Zölibat für illegal, für kriminell erklärt. Aber stattdessen tun sie genau das Gegenteil: sie erklären Homosexualität für illegal. Homosexualität ist ein Symptom, sie ist nicht die Ursache. Wenn ihr die Homosexualität illegal macht, dann werden diese Leute Sex mit Tieren treiben, was *nicht* illegal ist. Und es *gibt* Leute, die Sex mit Tieren machen. Das ist nichts Neues, es ist so alt wie die Menschheit. Wenn sie keine Frau finden können, wenn sie keinen Mann finden können

– das arme Tier steht zur Verfügung. Wenn ihr die Homosexualität kriminell, illegal macht wie jetzt in Texas, dann geht der Homosexuelle einer anderen Perversion nach, und die führt dann vielleicht zu einer schlimmeren Krankheit als Aids. Man weiß nie, was sich daraus entwickeln wird.

Den Menschen sollte bewußt gemacht werden, daß man nicht gegen die Natur angehen kann; und jeder, der lehrt, gegen die Natur anzugehen, ist ein Feind der Menschen.

Ich habe kein Interesse an irgendeiner Religion, weil das alles reiner Quatsch ist; und auch kein Interesse an Politik, weil ich keinerlei Ehrgeiz habe. Wenn ich sie kritisiere, dann euretwegen: damit euch bewußt wird, welches die wirklichen Ursachen sind, damit ihr nicht dem gleichen Wahn verfallt, dem die ganze Welt verfallen ist. Immer, wenn einer etwas gegen die herkömmlichen Denkmuster sagt, ist es schockierend.

Nun, Homosexualität durch Gesetz zu verbieten, wird dazu führen, daß sie sich schnell verbreitet. Und was man in Texas gemacht hat, wird überall gemacht werden, in Amerika und in anderen Ländern, denn die Regierungen sind so idiotisch! Sie fangen einfach an, die Symptome zu bekämpfen, und niemand fragt sich: Was sind die Ursachen?

Und im Grunde wollen sie die Ursachen gar nicht sehen, denn die Ursachen haben eine solche Tragweite, daß sie damit überfordert wären. Wenn sie anfingen, nach den Ursachen zu suchen, könnte herauskommen, daß sie selbst zu den Ursachen gehören. Die Priester könnten zu den Ursachen gehören, der Papst könnte zu den Ursachen gehören, Jesus Christus könnte der Grundstein sein! Es ist besser, nicht allzu genau hinzuschaun. Nehmt euch einfach das Symptom vor und fangt an, das Symptom zu bekämpfen: Unterdrückt das Symptom!

Wenn man ein Symptom an einer Stelle unterdrückt, wird es irgendwo anders ausbrechen, und es wird sich noch weiter von der Natur entfernen. Die erste Perversion hatte sich von der Natur entfernt, die zweite Perversion ist jetzt noch weiter weg, und eine dritte Perversion wird noch weiter weg sein. Und dann würde der Mensch verzweifeln, denn er kann den Weg zurück nicht mehr finden. Für den Durchschnittsmenschen sind die Dinge viel zu kompliziert geworden, als daß er zur Natur zurückfinden könnte. Deshalb möchte ich, daß ihr darauf achtgebt, niemals mit dem Symptom zu kämpfen.

In Los Angeles stirbt jeden Tag ein Mensch an Aids, und anscheinend weiß niemand, was zu tun ist. Ja, so wie es um die Welt draußen steht, ist es sehr schwer, überhaupt etwas zu tun. Und wer hat den Mut, der Katze die Glocke um den Hals zu binden? Das ist das Problem.

Wir können es!

Es ist nicht weiter schwierig. Ihr kennt die alte Geschichte von der Katze, die jeden Tag im Haus die Mäuse fraß, bis die Mäuse schließlich eine Versammlung hielten und beschlossen, daß etwas geschehen müsse. Eine junge Maus, noch unerfahren in den Umtrieben der Welt, sprach: „Das ist doch ganz leicht: Bindet der Katze einfach eine Glocke um den Hals, dann wissen wir immer sofort, wo sie gerade ist. Sobald sie kommt, verschwinden wir in unsere Löcher. Dann kann sie uns nicht mehr finden." Eine perfekte Lösung. Aber ein Problem blieb offen: Wer sollte die Glocke anbringen?

Ich erzähle diese Geschichte neu und sage: Die junge Maus, die gesagt hatte: „Bindet ihr eine Glocke um!" sprach weiter: „Ich will es tun. Macht euch keine Sorgen." Die anderen Mäuse waren überrascht. Sie sagten: „Aber diese Geschichte gibt es seit undenklichen Zeiten. Hier hört sie auf. Immer. Jeder, der sagt: ‚Ich will es tun' verstößt gegen die Sitte, gegen unser geschichtliches Erbe. An dieser Stelle ist Schluß; die Geschichte ist aus."

Die junge Maus antwortete: „Nicht mehr, denn ich gehe jeden Tag in die Apotheke. Die Apotheke ist gleich nebenan. Alles, was wir brauchen, sind ein paar Schlaftabletten. Ich kann sie besorgen und der Katze in die Milch tun. Gebt mir die Glocke, und ich besorge den Rest." Und sie schaffte es. Nur ein paar Schlaftabletten – und die Geschichte nimmt eine ganz andere Wendung. Nachdem sie ihre Milch getrunken hatte, fiel die Katze in einen tiefen Schlaf und schnarchte, und die junge Maus führte ihren Plan zur vollen Zufriedenheit aus.

Aber das habe *ich* der Geschichte hinzugefügt, es steht nirgends geschrieben. Und dasselbe möchte ich gern mit der ganzen Menschheit machen. Wir können der Katze die Glocke um den Hals binden. Wir haben nichts zu verlieren...

Ich möchte, daß ihr alles ganz klar seht. Ehe ich euch verlasse, möchte ich, daß ihr so bewußt seid, daß ihr nicht in die gleichen Fallen geht, in die bisher jede Gesellschaft, jede Zivilisation gegangen ist.

THE LAST TESTAMENT, Band I; 13. September 1985, abends (Auszüge)

# Über die Macht

*Bhagwan,*
*Bitte sprich über den Mißbrauch von Macht.*

ES GIBT EINEN berühmten Ausspruch eines englischen Philosophen: „Macht verdirbt; absolute Macht verdirbt absolut.“

Ich bin nicht seiner Meinung. Meine Analyse sieht ganz anders aus. Jeder Mensch steckt voll von Gewalt, Habgier, Wut, Leidenschaft – hat aber keine Macht. Also bleibt er ein Heiliger. Um Gewalt zu üben, brauchst du Macht. Um deine Habgier zu stillen, brauchst du Macht. Um deine Leidenschaften zu befriedigen, brauchst du Macht.

Wenn dir auf einmal Macht in die Hände fällt, fangen all deine schlafenden Hunde zu bellen an. Die Macht gibt ihnen Nahrung, gibt ihnen Gelegenheit. Es ist also nicht die Macht, die verdirbt – *du* bist verdorben. Macht bringt deine Verdorbenheit nur zum Vorschein. Du wolltest jemanden töten, aber du hattest nicht die Macht zu töten. Doch wenn du die Macht dazu hast, *wirst* du töten.

Es ist nicht Macht, was dich verdirbt: Du hast die Verdorbenheit bereits in dir. Macht gibt dir bloß die Gelegenheit, genau das zu tun, was du willst.

Macht in den Händen eines Mannes wie Gautam Buddha wird ihn nicht verderben. Ganz im Gegenteil: Sie wird der Menschheit helfen, ihr Bewußtsein zu heben. Wenn Macht in den Händen eines Dschingis Khan Menschen tötet, Frauen vergewaltigt, Menschen lebendig verbrennt – ganze Dörfer werden niedergebrannt, die Leute dürfen nicht raus... dann liegt es nicht an der Macht: Dieser Mann, Dschingis Khan, muß diese Gelüste bereits alle in sich gehabt haben.

Es ist beinahe wie: Der Regen kommt, und lauter verschiedene Pflanzen fangen zu wachsen an. Doch verschiedene Pflanzen haben auch verschiedene Blüten. Was immer in eurem Samen verborgen liegt, was immer euer Potential ist – Macht gibt euch die Gelegenheit dazu. Denn die meisten Menschen leben so im Unbewußten, daß ihre unbewußten Instinkte, wenn sie Macht bekommen, die Gelegenheit wahrnehmen, sich auszutoben. Dann ist es ihnen egal, ob dabei Menschen getötet werden, ob dabei Menschen vergiftet werden.

Du fragst mich wegen Mißbrauch von Macht. Macht wird mißbraucht, weil ihr Gelüste habt, die unmenschlich sind, die ihr von den Tieren geerbt habt.

In einer besseren Welt sollte das Allererste folgendes sein: Wir verschwenden fast ein Drittel des Lebens unserer Kinder auf die Erziehung; in diesem ersten Drittel ihres Lebens sollte eine bestimmte Zeit dafür reserviert werden, in ihrem Unterbewußten aufzuräumen, damit sie, wenn sie von der Universität kommen und irgendwo eine Machtposition einnehmen – der eine wird Polizeichef, der andere wird Bezirksdirektor, der dritte wird Kanzler... Wenn sie dann nichts mehr in ihrem Unterbewußten mitschleppen, nichts Giftiges, Destruktives mehr, dann können sie ihre Macht nicht mißbrauchen. Wer sollte sie mißbrauchen?

Macht ist neutral.

Meine Sannyasins in Italien versuchen schon seit einem Jahr, ein Touristenvisum für mich zu bekommen, nur für 3 Wochen! Und seit einem Jahr befassen sich die Behörden schon damit und sind bis jetzt noch zu keiner Entscheidung gekommen. Und jetzt endlich, vor ein paar Tagen, kam ein Brief, der alte Antrag sei nach einem Jahr wertlos geworden, ein neuer Antrag sei nötig.

Sie hatten den Antrag schon ausgefüllt, ich unterschrieb den Antrag, und gerade gestern teilte der italienische Botschafter mit, daß ich ein zehntägiges Touristenvisum bekommen hätte – aber nur unter bestimmten Bedingungen. Ich habe noch nie gehört, daß ein Touristenvisum Auflagen hätte. Die Auflagen lauten: „An welchem Tag, zu welcher Zeit, von welchem Flughafen aus werden Sie Indien verlassen? An welchem Tag, zu welcher Zeit, auf welchem Flughafen werden Sie in Italien ankommen?“ Und das gleiche für die Rückreise.

„In Italien, egal in welcher Stadt Sie sind, müssen Sie sich zuerst bei der Polizei melden und ihr die Dauer Ihres Aufenthalts in der Stadt angeben. Und vor Verlassen der Stadt müssen Sie wieder zur Polizei gehen und mitteilen, daß Sie die Stadt verlassen.“ Nächste Stadt – wieder zur Polizei...

Ich habe Anando gesagt, sie soll einen Brief an den italienischen Premierminister schreiben:

„Sie waren gerade vor ein paar Monaten in Indien. Wieviele Auflagen hat man Ihnen gemacht? Und bei wievielen Polizeiämtern haben Sie sich gemeldet? Und glauben Sie, daß ich ein Mörder oder Terrorist bin, oder Bomben und Dynamit bei mir trage?

Und lassen Sie uns wissen, wann Sie wieder nach Indien kommen, damit wir Ihnen einen richtig guten Empfang bereiten können. Und ich weigere mich, Ihr Land zu betreten, es sei denn, Sie entschuldigen sich für diese Auflagen. Sie haben ein ganzes Jahr dazu gebraucht, alle diese Auflagen auszutüfteln, und selbst dann haben Sie das Visum nicht für drei Wochen erteilt, sondern nur für zehn Tage. Normalerweise wird ein Visum für drei Monate ausgestellt, und wer hätte je davon gehört, daß solche Auflagen gemacht worden wären?!"

Ich habe Anando gesagt, sie soll ihm schreiben:

"Es scheint, Benito Mussolini ist immer noch nicht tot. Ihr Land ist kein demokratisches Land, es ist immer noch faschistisch. Diese Auflagen sind ganz zweifellos Anzeichen eines faschistischen Geistes.

Ich werde also erst nach Italien kommen, wenn Sie sich in aller Öffentlichkeit entschuldigen; oder aber ich werde nach Italien kommen, wenn Sie nicht mehr an der Macht sind. Und meine Leute in Italien werden alles tun, damit Sie nicht an der Macht bleiben. Lassen Sie nur die nächsten Wahlen kommen; denn ich habe Tausende von Sannyasins in Italien, und die ganze Sache ist eine Beleidigung gegenüber Tausenden von Sannyasins, die ich in Italien habe."

Der Papst kommt nach Indien, und der Präsident und der Premierminister empfangen ihn auf dem Flughafen! Und von ihm wird nicht verlangt, sich in jeder Stadt bei der Polizei zu melden. Und er selbst war ebenfalls hier: „Aber wenn Sie das nächste Mal als Premierminister herkommen, geben Sie uns Bescheid, zu welcher Zeit und auf welchem Flughafen Sie ankommen, damit wir Ihnen auf Ihre Auflagen antworten können."

Diese Leute sind nicht durch Macht verdorben worden.

Diese Leute *sind* verdorben. Die Macht aktiviert ihre Verdorbenheit.

Macht an sich ist neutral. In den Händen eines guten Menschen wird sie zum Segen. In den Händen eines unbewußten Menschen wird sie zum Fluch. Doch seit Tausenden von Jahren verdammen wir die Macht, ohne auf den Gedanken zu kommen, daß nicht der Macht die Schuld gegeben werden darf. Die Menschen müssen von allen gemeinen Instinkten gereinigt werden, die versteckt *in* ihnen sind, denn jedermann wird in der einen oder anderen Form Macht ausüben.

Es braucht nicht unbedingt eine große Macht zu sein. Man sitzt vielleicht nur in einem Bahnhof und verkauft Fahrkarten. Doch auch das verleiht Macht. Du stehst am Schalter, und der Mann da schaut dich noch nicht einmal an. Er blättert einfach in seinen Akten weiter, und du merkst, daß er gar nicht an der Akte interessiert ist. Er will dir einfach nur zeigen, wo du hingehörst. Selbst der Pförtner vor dem Finanzamt benimmt sich so, als wäre er der Präsident des Landes persönlich. Es hängt also nicht davon ab, wer du gerade bist. Wo immer du bist, wirst du in irgendeiner Form Macht haben.

Aurangzeb, einer der mohammedanischen Kaiser Indiens, war so ungeduldig, daß er nicht abwarten konnte, bis sein Vater starb oder alt genug war,daß er sein Nachfolger werden konnte. Er sperrte seinen eigenen Vater ins Gefängnis und wurde Kaiser des Landes.

Sein Vater war sein ganzes Leben lang immer sehr aktiv gewesen. Jetzt, wo er im Gefängnis saß, schickte er seinem Sohn eine Nachricht: „Tu mir wenigstens den einen Gefallen und schick mir dreißig Jungen her, damit ich sie den Heiligen Koran lehren kann."

Und Aurangzebs Kommentar gegenüber seinen Höflingen ist sehr aufschlußreich. Er sagte: „Dieser alte Mann will nicht seine Macht aufgeben. Jetzt ist er zwar nicht mehr Kaiser, aber dreißig Schüler den Heiligen Koran zu lehren – da hat er wieder Macht über diese kleinen Kinder."

Die Psychologen sagen, daß Leute, die Angst davor haben, sich in den Lebenskampf zu werfen und mächtig zu werden, den einfacheren Weg wählen: sie werden Lehrer in Schulen. Dort kann man kleinen Kindern das Leben schwermachen, kann sie schlagen, obwohl es verboten ist... aber es kommt überall im Land vor.

Gerade neulich habe ich einen Bericht gelesen, daß man gewisse Fälle aufgedeckt hat – doch die Regierung hat diese Tatsachen immer wieder geleugnet. Zum ersten Mal hat man zugegeben – weil es überhand genommen hat – daß manche Lehrer ihre Schüler so heftig geschlagen haben, daß sie taub waren fürs Leben.

Ein Junge ist von seinem eigenen Vater angekettet worden; fast zehn Jahre lang blieb er angekettet, gefesselt an eine Säule im Haus. Er war fast zum Tier geworden. Er konnte nicht aufrecht stehen. Er konnte nur auf allen Vieren kriechen. Und weil er gezwungen wurde, im Dunkeln zu leben, hat er sein Augenlicht verloren.

Selbst Eltern üben Macht aus, Lehrer üben Macht aus, Ehemänner üben Macht aus, Ehefrauen üben Macht aus. Es spielt keine Rolle, wo du stehst.

Wenn die Menschheit erst einmal gelernt hat, die tiefen psychologischen Wurzeln zu verstehen und das Unbewußte des Menschen so zu transformieren, daß keine Samenkörner übrigbleiben, dann kann es soviel Macht regnen, wie es will, es wird keine Blüten der Korruption geben. Im übrigen wird Macht immer wieder mißbraucht werden. Und man kann den Leuten die Macht nicht aus den Händen nehmen. Irgendwer muß die Mutter sein. Irgendwer muß der Vater sein, irgendwer muß der Lehrer sein.

Der einzige Weg ist, das Unbewußte im Menschen durch Meditation zu reinigen, sein Inneres mit Licht zu füllen. Nur Meditation kann euch ein reines Herz geben, das durch nichts verdorben werden kann. Dann kann Macht niemals mißbraucht werden, dann kann Macht zum Segen werden, dann wird sie zu einer schöpferischen Kraft. Dann werdet ihr Dinge tun, die das Leben liebenswerter, lebenswerter machen, die die Existenz ein wenig schöner machen werden.

Doch dieser große Tag ist noch nicht gekommen; und wenn ihr Anstrengungen macht, um diesen großen Tag herbeizuführen, werden alle machtbesessenen Leute gegen euch sein.

Ich bin immer wieder gefragt worden: „Warum hast du die ganze Welt gegen dich?“

Weil sie allesamt machtbesessene Menschen sind, und ich versuche, den Menschen in einen klaren See zu verwandeln, erfüllt von Heiterkeit, erfüllt von Frieden und Stille und Liebe und Ekstase.

THE RAZOR’S EDGE – 28. Februar 1987, morgens (1. Frage)

# Der Politiker

*Bhagwan,*

*Ist es für einen Politiker möglich,*
*ein religiöser Mensch zu sein,*
*oder ist es für einen religiösen Menschen*
*möglich, Politiker zu sein?*

ES IST FÜR einen politischen Menschen völlig unmöglich, religiös zu sein; denn die Wege von Religion und Politik gehen diametral auseinander.

Ihr müßt verstehen, daß es nicht darum geht, eurer Persönlichkeit noch etwas hinzuzufügen. Religion ist nichts Hinzugefügtes. Du kannst als politischer Mensch ein Maler sein, kannst ein Dichter sein, kannst ein Musiker sein, aber das sind alles zusätzliche Dinge.

Politik und Musik sind nicht diametral entgegengesetzt. Im Gegenteil, vielleicht hilft dir die Musik, cin besserer Politiker zu sein. Musik entspannt; sie wird dir helfen, die ganze Last des Tages und all die Anstrengungen, die ein Politiker durchzustehen hat, abzustreifen. Doch Religion ist nichts Hinzugefügtes, sondern eine diametral entgegengesetzte Dimension. Zuerst also müßt ihr genau verstehen, was es bedeutet, ein politischer Mensch zu sein.

Der politische Mensch ist ein kranker Mensch, psychologisch krank und spirituell krank.

Körperlich mag er in bester Verfassung sein. Politiker sind meist körperlich gesund. Die ganze Last verlagert sich auf ihre Psyche. Das könnt ihr daran sehen, daß ein Politiker, sobald er seine Macht verliert, seine körperliche Gesundheit verliert. Seltsam... als er noch an der Macht war, mit so vielen Anstrengungen und Spannungen beladen, war er völlig gesund.

Mit der Macht verschwinden gleichzeitig auch alle Aufregungen. Jetzt wird sich jemand anders damit abgeben. Seine Psyche ist entlastet, doch gleichzeitig mit dieser Entlastung schlägt sich alle Krankheit in seinem Körper nieder.

Der Politiker beginnt körperlich zu leiden, sobald er die Macht verliert. Ansonsten haben Politiker meist ein langes und körperlich gesundes Leben. Seltsam... doch der Grund dafür ist, daß die Psyche sich die ganze Krankheit aufbürdet, und wenn die Psyche sich die ganze Krankheit aufbürdet, dann kann der Körper unbelastet leben. Doch sobald die Psyche all ihre Krankheit freisetzt, wo soll sie dann hin? Zwischen eurer psychischen und physischen Existenz ist ein Gefälle – alle Krankheit fällt auf den Körper. Politiker, die keine Macht mehr haben, sterben sehr schnell. Politiker, die an der Macht sind, leben sehr lange. Das ist eine bekannte Tatsache, doch die Ursache ist nicht so bekannt.

Als erstes also muß man verstehen, daß der politische Mensch psychologisch krank ist. Und psychologische Krankheit wird leicht zur spirituellen Krankheit, wenn sie überhand nimmt, wenn die Psyche sie nicht mehr fassen kann. Jetzt wird es gefährlich. Wenn der Politiker an der Macht ist, greift seine psychische Krankheit allmählich auf sein spirituelles Sein über, denn nach unten läßt er seine psychische Krankheit nicht ausweichen. Sie ist seine Macht, er hält sie für seinen Schatz, er kann nicht zulassen, daß sie nach unten fällt.

Ich nenne sie Krankheit. Für ihn ist sie sein ganzer Ego-Trip. Sie ist sein Lebensinhalt, er kennt keinen anderen Lebenszweck. Also hält er, wenn er an der Macht ist, seine Krankheit fest umklammert. Doch er weiß nichts vom Reich des Spirituellen, und so stehen die Türen nach dorthin offen. Er kann diese Türen nicht schließen, denn er hat keine Ahnung, daß es jenseits von seiner psychischen Dimension noch etwas gibt.

Wenn er an der Macht ist, wird seine psychische Krankheit ab einem bestimmten Punkt, wenn sie zu stark wird, die Grenzen seiner Psyche überfluten und auf seine Spiritualität übergreifen. Wenn er nicht mehr an der Macht ist, dann hält er normalerweise nicht mehr an all diesen Dummheiten fest. Jetzt weiß er, was es war. Jetzt ist ihm klar, daß es sich nicht lohnt, daran festzuhalten. Und sowieso gibt es da nichts mehr zu halten; die Macht ist weg, er ist ein Niemand.

In seiner Verzweiflung entspannt er sich – vielleicht sollte ich eher sagen: Die Entspannung überkommt ihn von selbst. Er kann jetzt schlafen, er kann einen Morgenspaziergang machen. Er kann ein Schwätzchen halten, er kann Schach spielen, er kann alles mögliche machen. Er merkt, daß er psychisch lockerer wird. Die Türen zwischen seiner Psyche und seinem Körper, die er bisher verschlossen gehalten hat, öffnen sich, und sein Körper wird unweigerlich anfangen, krank zu werden. Er bekommt vielleicht einen Herzinfarkt, oder irgendeine andere Krankheit; alles ist möglich. Seine psychische Krankheit fließt nun zum schwächsten Teil seines Körpers hin. Doch solange er Macht hat, fließt sie nach oben, in Richtung seines Seins, dessen er sich nicht bewußt ist.

Und worin besteht seine Krankheit?

Die Krankheit nennt sich Minderwertigkeitskomplex.

Jeder Mensch, der an Macht interessiert ist, leidet unter einem Minderwertigkeitskomplex. Tief innen fühlt er sich wertlos, anderen unterlegen.

Und ganz gewiß ist jeder in vieler Hinsicht unterlegen. Du bist kein Yehudi Menuhin – aber du brauchst dich deshalb ja nicht unterlegen zu fühlen; du hast es nie versucht, und es ist auch gar nicht dein Anliegen. Yehudi Menuhin ist ja auch nicht du, wo ist also das Problem? Wo ist der Konflikt?

Doch der politische Verstand leidet an der Wunde der Minderwertigkeit, und jeder Politiker kratzt sich ständig an dieser Wunde. Auf intellektuellem Gebiet ist er nicht gerade ein Albert Einstein – er vergleicht sich mit Giganten – auf psychologischem Gebiet ist er kein Sigmund Freud... Wenn du dich mit den Giganten der Menschheit vergleichst, kommst du dir natürlich vor wie ein wertloser Winzling.

Dieses Gefühl der Wertlosigkeit kann auf zweierlei Wegen behoben werden: der eine ist Religion, der andere ist Politik.

Politik beseitigt es nicht wirklich, überdeckt es nur. Der Kranke bleibt der gleiche Mensch, der sich erst minderwertig gefühlt hat und jetzt auf dem Präsidentenstuhl sitzt. Doch einfach als Präsident auf einem Stuhl zu sitzen, was ändert das an deiner inneren Situation?

Das Ego ist so raffiniert und so aalglatt! Die ganze Krankheit des Politikers ist sein Ego.

Da gibt es nur zwei Möglichkeiten: Entweder kann er die Wunde dadurch verstecken, daß er Präsident wird, Kanzler wird ... Er kann zwar die Wunde verstecken, doch die Wunde ist da. Du kannst die ganze Welt täuschen, aber wie kannst du dich selber täuschen? Du weißt es: Sie ist da. Du selbst hast sie versteckt.

Und genau das ist die Situation des Politikers – alles Eiter, Wunden, Minderwertigkeitskomplexe, Wertlosigkeitsgefühle.

Ja, er ist höher und höher geklettert und hat auf jeder Stufe der Leiter gehofft, daß auf der nächsten Stufe die Wunde heilen würde.

Aus Minderwertigkeitskomplexen erwächst Ehrgeiz, denn Ehrgeiz ist nichts als die Bemühung, deine Überlegenheit zu beweisen. Ehrgeiz hat nur den einen Sinn: deine Überlegenheit zu beweisen.

Doch warum solltest du dich abmühen, deine Überlegenheit zu beweisen, außer wenn du an Minderwertigkeitskomplexen leidest?...

Meine ganze Familie war politisch, bis auf meinen Vater. Und so fragten sie mich alle: „Warum gehst du nicht in die Partei, warum gehst du nicht wählen?" Und: „Was verschwendest du deine Energien? Wenn du die politische Laufbahn einschlagen würdest, könntest du der Präsident des Landes werden, könntest du Premierminister werden."

Ich sagte: „Ihr habt wohl ganz vergessen, mit wem ihr redet! Ich leide nicht an Minderwertigkeitskomplexen, warum sollte ich also Präsident des Landes werden wollen? Warum sollte ich mein Leben damit verschwenden, der Präsident des Landes zu werden? Das ist fast so, als würdet ihr wollen, daß ich an Krebs operiert werde, obwohl ich gar nicht an Krebs leide – seltsam! Warum sollte ich mich ohne Grund operieren lassen?

Ihr leidet an Minderwertigkeitskomplexen, und ihr projiziert eure Minderwertigkeitskomplexe auf mich. Ich bin völlig okay, so wie ich bin. Ich bin der Existenz dankbar, wo immer ich bin. Was immer heute geschieht – es ist gut. Mehr habe ich nie erwartet, also kann mich nichts enttäuschen."

Sie sagten: „Was redest du da für seltsame Dinge? Was ist ein Minderwertigkeitskomplex, und was hat dieser Minderwertigkeitskomplex mit Politik zu tun?"

Ich sagte: „Ihr habt keine Ahnung von einfachster Psychologie, und eure großen Politiker haben ebenfalls keinen Schimmer von einfachster Psychologie." Alle diese Spitzenpolitiker der Welt sind kranke Menschen. Und der eine Weg ist, die Wunde immer weiter zu verstecken. Ja, so können sie andere täuschen. Wenn Jimmy Carter lächelt, laßt ihr euch täuschen, aber wie kann Jimmy Carter sich selbst täuschen? Er weiß, daß es nur Lippengymnastik ist. Mehr ist nicht dahinter, kein Lächeln.

Die Leute erklimmen die höchste Stufe der Leiter, und dann wird ihnen klar, daß sie ihr ganzes Leben verschwendet haben. Sie sind angekommen, aber wo? Sie sind auf dem Platz angekommen, um den sie gekämpft haben, und es war nicht einfach, es war ein erbitterter Kampf – und wieviele Leute sind dabei draufgegangen, wieviele

Leute als Mittel zum Zweck benutzt worden, wieviele Leute niedergetrampelt worden…

Du bist auf der höchsten Stufe der Leiter angekommen, doch was hast du dabei gewonnen? Du hast lediglich dein ganzes Leben vertan. Sich jetzt diese Tatsache auch nur einzugestehen, erfordert ungeheuren Mut. Es ist einfacher, immer weiter zu lächeln und die Illusion aufrechtzuerhalten: Wenigstens die anderen glauben, daß du ein großes Tier bist.

Du selbst weißt, wer du bist. Du bist genau derselbe wie zuvor, oder allenfalls schlimmer dran, denn all der Kampf, all die Gewalt haben dich noch mehr erniedrigt.

Du hast deine ganze Menschlichkeit verloren.

Du hast keine Seele mehr.

Du bist so weit von ihr entfernt, daß Gurdjieff dafür einen treffenden Ausdruck hatte. Er sagte immer: „Nicht jeder Mensch hat eine Seele, aus dem einfachen Grund… “ – das ist nicht wörtlich zu verstehen, doch er pflegte zu sagen: „Nicht jeder Mensch hat eine Seele; sondern nur die paar Leute haben eine, die ihr Innerstes entdeckt haben. Die anderen haben nur die Illusion, weil die heiligen Schriften sagen und alle Religionen predigen, daß ihr mit einer Seele geboren werdet.“

Gurdjieff sprach eine sehr drastische Sprache. Er sagte: „Das ist alles Unsinn. Du wirst nicht mit einer Seele geboren, du mußt sie dir erst erwerben, du mußt sie dir verdienen.“ Und ich kann verstehen, was er damit meint, obwohl ich nicht sage, daß du ohne Seele geboren wirst.

Du wirst mit einer Seele geboren, doch diese Seele ist nur ein Potential; und im Grunde ist es genau das, was Gurdjieff damit sagen will.

Du mußt dieses Potential verwirklichen. Du mußt es erwerben. Du mußt es verdienen.

Der Politiker erkennt das erst, wenn sein ganzes Leben den Bach hinunter ist. Jetzt muß er entweder Farbe bekennen… was aber sehr dumm aussieht, denn er gibt damit zu, daß er sein ganzes Leben als Idiot gelebt hat.

Wunden heilen nicht, indem man sie zudeckt.

Religion ist ein Heilmittel.

Das Wort Meditation und das Wort Medizin stammen von derselben Wurzel ab. Medizin ist für den Körper, was Meditation für die Seele ist. Sie ist eine Medizin, sie ist ein Heilmittel.

Du fragst mich: Kann der Politiker religiös sein? Solange er Politiker bleibt, ist es unmöglich. Sicher, wenn er die Politik fallen läßt, dann ist er kein Politiker mehr, dann kann er ein religiöser Mensch werden. Ich trenne also nicht. Ich halte den Politiker nicht davon ab, religiös zu werden. Ich sage nur: Als Politiker kann er nicht religiös sein, denn das sind zwei verschiedene Dimensionen.

Entweder verdeckst du deine Wunden oder du heilst sie. Du kannst nicht beides gleichzeitig tun. Um sie zu heilen, mußt du sie aufdecken – nicht zudecken. Decke sie auf, lerne sie kennen, gehe tief in sie hinein, erleide sie.

Was du brauchst, ist eine Erforschung deines ganzen Wesens, unvoreingenommen, ohne zu verurteilen; denn du wirst vieles finden, wovon man dir gesagt hat, es sei böse, schlecht. Also schrecke nicht davor zurück, laß es zu. Verurteile es einfach nicht.

Du bist quasi auf Forschungsreise gegangen... Nimm einfach zur Kenntnis, daß da etwas ist, nimm es zur Kenntnis und gehe weiter. Verurteile es nicht, gib ihm keinen Namen. Entwickle kein Vorurteil, weder dafür noch dagegen, denn das hält dich davon ab, weiter zu forschen. Sonst verschließt sich deine innere Welt sofort und du verkrampfst dich: etwas Schlechtes?! – du gehst nach innen, und du siehst etwas, und du bekommst Angst, daß es etwas Böses ist: Habgier, Lüsternheit, Eifersucht... Mein Gott, das alles steckt in mir! – da ist es besser, nicht nach innen zu gehen.

Genau aus diesem Grund gehen Millionen von Menschen nicht nach innen.

Sie bleiben einfach auf der Treppe vor ihrem Haus sitzen. Sie verbringen ihr ganzes Leben im Treppenhaus. Es ist ein Treppenhausleben. Sie machen nie die Türe zu ihrem Haus auf. Und das Haus hat viele Gemächer, es ist ein Palast. Wenn du hineingehst, wirst du auf viele Dinge stoßen, von denen dir andere gesagt haben, daß sie schlecht sind. Aber du weißt von nichts, du sagst einfach: „Ich bin ein unwissender Mensch, ich weiß nicht, wer ihr hier drinnen seid. Ich bin nur gekommen, um die Gegend zu erkunden, um sie zu vermessen." Und ein Landvermesser braucht sich nicht darum zu kümmern, was gut und was böse ist, er schaut einfach weiter, beobachtet, nimmt auf.

Und du wirst von einer sehr seltsamen Erfahrung überrascht werden: Was du bisher für Liebe gehalten hast – direkt dahinter verbirgt sich Haß! Nimm es einfach zur Kenntnis.

Was du bisher für Demut gehalten hast – direkt dahinter verbirgt sich dein Ego! Nimm es einfach zur Kenntnis.

Wenn mich jemand fragt: „Bist du ein demütiger Mensch?“, kann ich nicht sagen, „Ja“. Denn ich weiß, daß Demut nichts anderes ist als Ego, nur auf den Kopf gestellt. Ich bin kein Egoist, wie kann ich also demütig sein? Versteht ihr mich? Es ist unmöglich, demütig zu sein, ohne ein Ego zu haben. Und wenn du einmal gesehen hast, daß beides zusammengehört, dann kommt es, wie ich schon sagte, zur ungewöhnlichsten Erfahrung.

In dem Augenblick, wo du erkennst, daß deine Liebe und dein Haß, deine Demut und dein Ego eins sind, lösen sie sich in Rauch auf.

Du brauchst überhaupt nichts zu tun. Du hast ihr Geheimnis erkannt! Nur durch dieses Geheimnis konnten sie sich so lange in dir halten. Du hast ein Geheimnis gesehen, jetzt kann es sich nirgends mehr verstecken. Gehe wieder und wieder nach innen, und du wirst weniger und weniger Dinge dort vorfinden. Ganze Scharen welken in dir dahin, Menschenmengen verschwinden. Und der Tag ist nicht weit entfernt, da bist du allein, und niemand ist da: Leere in deinen Händen. Und plötzlich bist du geheilt.

Fang gar nicht erst an zu vergleichen – denn du bist du, und jemand anders ist jemand anders. Warum sollte ich mich mit Jehudi Menuhin vergleichen oder mit Pablo Picasso? Ich sehe überhaupt keinen Sinn darin. Sie machen ihre Sache, ich mache meine Sache. Sie genießen es, ihre Sache zu machen – vielleicht... denn über sie kann ich nichts mit Gewißheit sagen. Aber über mich kann ich mit Gewißheit sagen, daß ich alles genieße, was ich tue oder nicht tue. Nur über mich selbst kann ich etwas mit Gewißheit sagen.

Eins weiß ich: Wenn du damit fortfährst, deine innere Welt zu erforschen, ohne zu verurteilen, ohne zu billigen, ohne überhaupt zu denken, einfach nur indem du die Gegebenheiten beobachtest, dann verschwinden sie langsam.

Es kommt ein Tag, da bleibst du allein zurück – das ganze Gewühl ist verschwunden. Und in diesem Moment bekommst du zum ersten Mal ein Gefühl dafür, was psychische Heilung ist.

Und von der psychischen Heilung öffnet sich die Tür zur spirituellen Heilung.

Du brauchst sie gar nicht zu öffnen, sie öffnet sich von selbst. Du kommst im Zentrum der Psyche an, und die Tür öffnet sich. Sie hat dich erwartet, vielleicht schon seit vielen Leben. Wenn du kommst, dann öffnet sich augenblicklich die Tür, und durch diese Tür siehst du nicht nur dich selbst, sondern die ganze Existenz, all die Sterne, den ganzen Kosmos.

Deshalb kann ich mit Bestimmtheit sagen, daß kein Politiker religiös werden kann, es sei denn, er läßt die Politik bleiben. Dann ist er kein Politiker mehr, und alles was ich gesagt habe, trifft nicht auf ihn zu.

Du hast auch gefragt, ob ein religiöser Mensch ein Politiker werden kann? Das ist sogar noch unmöglicher als das erste, weil es überhaupt keinen Grund für ihn gibt, einer zu werden. Wenn Minderwertigkeitsgefühl die Ursache ist, die dich in den Ehrgeiz treibt, wie kann dann ein religiöser Mensch Politiker werden? Es fehlt jede treibende Kraft.

Doch hin und wieder hat es so etwas in der Vergangenheit gegeben, und vielleicht mag es auch in der Zukunft wieder vorkommen. Also will ich es euch sagen.

Früher war es deshalb möglich, weil überall auf der Welt die Monarchie herrschte. Ab und zu einmal entpuppte sich dann ein Königssohn als ein Dichter. Es ist sehr schwierig für einen Dichter, Präsident von Amerika zu werden: Wer würde auf ihn hören? Die Leute würden denken: „Er ist verrückt. Er sieht wie ein Hippie aus. Er bringt sich selber nicht auf die Reihe, und jetzt will er die ganze Welt auf die Reihe bringen!"

Doch in der Vergangenheit machte die Monarchie es möglich. Der letzte indische Kaiser, dem die Engländer das Land nahmen, war ein Dichter – eben deshalb konnten sie Indien erobern: Bahadur Schah Jafar, einer der größten Urdu-Dichter. Heutzutage kann kein Dichter mehr Kaiser werden. Es war reiner Zufall, daß er als Sohn eines Kaisers geboren wurde.

In den alten Zeiten der Monarchie konnte in der westlichen Welt ein Mann wie der römische Kaiser Marc Aurel vorkommen. Er war ein religiöser Mensch. Doch das war eine Ausnahme. Marc Aurel könnte heute nicht Präsident oder Premierminister werden, denn er würde nicht auf Stimmenfang gehen; er würde nicht betteln – um was?

Früher war es also möglich, aufgrund von Monarchie. Doch in der Monarchie wurden auch Idioten Könige, wurden auch Verrückte Könige, alles war möglich. Ich bin also nicht für Monarchie, ich sage nur, daß es in der Monarchie möglich war, daß ein religiöser Mensch per Zufall mal Kaiser wurde.

Was die Zukunft angeht, so wird sich die Demokratie nicht lange halten können, denn der Politiker steht jetzt schon neben dem Wissenschaftler dumm da; die Wissenschaftler haben ihn jetzt schon in der Hand.

Die Zukunft gehört den Wissenschaftlern, nicht den Politikern.

Das bedeutet, daß wir das Wort „Demokratie“ ändern müssen. Ich habe ein passenderes Wort dafür: „Meritokratie“.

Die „Meriten“, die persönlichen Verdienste, werden den Ausschlag geben, nicht etwa, ob du Stimmen zusammentrommeln kannst, indem du mit allen möglichen Versprechungen und Hoffnungen winkst. Sondern deine Verdienste, dein wirkliches Gewicht in der wissenschaftlichen Welt, werden entscheiden. Und wenn erst einmal die Macht in die Hände der Wissenschaftler gelangt, dann ist alles möglich. Denn für mich ist Wissenschaft objektive Religion, und Religion ist subjektive Wissenschaft.

Wenn sie erst einmal in den Händen der Wissenschaft ist, wird die Weltkarte anders aussehen, denn wozu sollten sich die sowjetischen Wissenschaftler und die amerikanischen Wissenschaftler gegenseitig die Köpfe einschlagen? Sie arbeiten beide an den gleichen Projekten. Es wird viel schneller gehen, wenn sie gemeinsam arbeiten. Es ist reine Dummheit, daß überall auf der Welt die gleichen Experimente in jedem Land wiederholt werden; es ist unglaublich. All diese Leute zusammen könnten Wunder vollbringen. Getrennt wird es viel kostspieliger.

Wenn z.B. Albert Einstein nicht aus Deutschland geflohen wäre, wer hätte dann den Zweiten Weltkrieg gewonnen? Glaubt ihr, Amerika und England und Rußland hätten den Zweiten Weltkrieg gewonnen? Nein. Die Flucht eines einzigen Mannes aus Deutschland hat die Geschichte bestimmt, die Flucht Albert Einsteins. Alle diese Scheinnamen: Roosevelt, Churchill, Stalin, Hitler – sie haben nichts zu bedeuten. Dieser Mann war es, der die ganze Sache entschied, denn er erfand die Atombombe. Er schrieb einen Brief an Roosevelt: „Ich habe die Atombombe fertig geplant, und nur wenn Sie sie einsetzen, gibt es eine Möglichkeit, den Krieg zu beenden.“

Er hat es sein ganzes Leben lang bereut, doch das ist eine andere Geschichte. Er hätte auch an eine andere Adresse schreiben können, anstatt an Roosevelt an Adolf Hitler, und die ganze Geschichte wäre anders verlaufen, vollkommen anders.

Die Zukunft wird in den Händen der Wissenschaftler liegen. Es ist nicht mehr weit bis dahin. Jetzt gibt es Nuklearwaffen. Die Politiker können diese Situation nicht mehr im Griff behalten. Sie verstehen nichts davon, nicht einmal das ABC.

Früher oder später wird die Welt in den Händen derer liegen, die es verdient haben. Zuerst jedoch wird sie in die Hände der Wissenschaftler gelangen. Dies kann ich euch beinahe mit Sicherheit voraussagen, daß die Welt in die Hände der Wissenschaftler übergehen wird. Und danach wird sich eine neue Dimension auftun. Früher oder später wird der Wissenschaftler den Weisen, den Heiligen einladen, weil er es allein nicht schafft.

Der Wissenschaftler wird mit sich selbst nicht fertig. Er wird mit allem fertig, aber mit sich selbst wird er nicht fertig. Albert Einstein mag alles über alle Sterne des Universums wissen, aber er weiß nichts über sein eigenes Zentrum.

So wird die Zukunft aussehen: von den Politikern hin zu den Wissenschaftlern, von den Wissenschaftlern hin zu den religiösen Menschen – doch das wird eine ganz andere Welt sein. Die religiösen Menschen werden euch nicht bitten… *ihr* werdet *sie* darum bitten müssen. Ihr werdet sie einladen müssen. Und wenn sie spüren, daß eure Einladung ehrlich ist, und daß es notwendig ist, dann greifen sie vielleicht in das Weltgeschehen ein. Aber vergeßt nicht, es wird absolut keine Politik sein.

Laßt mich also wiederholen: Der Politiker kann religiös werden, wenn er die Politik bleiben läßt, ansonsten ist es unmöglich.

Der religiöse Mensch kann an der Politik mitwirken, wenn die Politik ihren ganzen Charakter ändert, ansonsten ist es für den religiösen Menschen unmöglich, an Politik mitzuwirken. Er kann kein Politiker sein.

Aber so, wie die Dinge sich entwickeln, ist es absolut sicher, daß die Welt zuerst in die Hände der Wissenschaftler gelangen wird, und danach wird sie vom Wissenschaftler auf die Mystiker übergehen. Und nur in den Händer der Mystiker könnt ihr eures Lebens sicher sein.

Die Welt kann wirklich ein Paradies sein.

Wirklich: Es gibt kein anderes Paradies,es sei denn, wir schaffen es hier.

THE RAJNEESH BIBLE, Band II; Kapitel 15 (Auszüge)

# Der Priester

EINE URALTE GESCHICHTE: Ein junger Teufel kommt zu seinem Chef gerannt. Er zittert am ganzen Leibe und sagt: „Es muß sofort etwas geschehen. Auf der Erde hat jemand die Wahrheit entdeckt! Und wenn die Leute erstmal die Wahrheit wissen, was wird dann aus unserem Beruf?" Der alte Teufel lachte, und er sagte: „Setz dich, beruhige dich und mach dir keine Gedanken. Wir haben alles fest im Griff. Unsere Leute sind schon da."

Aber der andere sagte: „Ich komm gerade von daher. Ich habe keinen einzigen Teufel dort gesehen." Der alte Mann sagte: „Die Priester sind mein. Sie haben den Mann, der die Wahrheit gefunden hat, schon eingekreist. Jetzt werden sie Mittler spielen zwischen dem Mann der Wahrheit und den Massen. Sie werden Tempel errichten, sie werden Heilige Schriften verfassen, sie werden alles umdeuten und verzerren. Sie werden von den Leuten verlangen, sich hinzuknien und zu beten. Und bei diesem ganzen Zirkus wird die Wahrheit verlorengehen. Das ist meine altbewährte Methode, sie wirkt immer."

Die Priester – die Stellvertreter der Religion – sind nicht ihr Freund. Sie sind ihre größten Feinde. Denn Religion braucht keine Vermittler: zwischen euch und der Existenz besteht eine direkte Verbindung. Ihr braucht nur eines zu lernen: die Sprache der Existenz zu verstehen. Ihr kennt die Sprachen des Menschen, aber das sind nicht die Sprachen der Existenz.

Die Existenz kennt nur eine Sprache, und zwar die Sprache der Stille. Wenn ihr ebenfalls still sein könnt, werdet ihr die Wahrheit verstehen können und den Sinn des Lebens und die Bedeutung von allem, was existiert. Es gibt niemanden, der es euch ausdeuten kann.

Jeder muß es für sich selber finden. Niemand kann euch diese Arbeit abnehmen. Aber genau das tun die Priester, seit eh und je. Wie eine chinesische Mauer stehen sie zwischen euch und der Existenz…

Wenn die Menschen anfangen, sich der Realität zu nähern, ohne daß jemand sie führt, ohne daß jemand ihnen sagt, was gut und was böse ist, ohne daß jemand ihnen eine Landkarte gibt, die ihnen alles vorzeichnet, dann werden Millionen Menschen die Existenz verstehen können – denn unser Herzschlag ist auch der Herzschlag des Universums. Unser Leben ist Teil allen Lebens.

Wir sind nicht Fremde hier, wir kommen nicht von woanders her. Wir wachsen *in* der Existenz heran. Wir sind Teil von ihr, wesentlicher Teil von ihr; wir müssen nur still genug sein, um all das hören zu können, was nicht in Worten gesagt werden kann: die Musik der Existenz, die ungeheure Freude der Existenz, das nicht endende Fest der Existenz.

Sobald das in unser Herz dringt, beginnt die Verwandlung. Und nur so wird man religiös – nicht indem man in die Kirchen geht, die vom Menschen gemacht sind, nicht indem man die Schriften liest, die vom Menschen gemacht sind...

Aber die Priester haben seit jeher so getan, als wären ihre heiligen Schriften von Gott geschrieben worden. Schon die Vorstellung ist einfach idiotisch. Schaut doch nur in diese Schriften hinein: Ihr findet darin nicht die Handschrift Gottes.

Jede Heilige Schrift liefert genug Beweise, daß sie von Menschen geschrieben wurde, und zwar von sehr dummen Menschen, von primitiven Menschen.

Die Heiligen Schriften sind von Menschenhand, die Gottesbilder sind von Menschenhand, die Tempel und Kirchen sind von Menschenhand, aber durch eine jahrtausendalte Konditionierung haben sie eine gewisse Heiligkeit und Weihe gewonnen. Es ist nichts Heiliges, nichts Weihevolles an ihnen dran.

Aber die Priester haben die Menschheit mehr betrogen als irgendwer sonst. Es ist das übelste Gewerbe auf der Welt – schlimmer noch als das Gewerbe der Prostituierten; die Prostituierte gibt euch wenigstens etwas wieder – der Priester gibt euch nur leere Worte. Er hat nichts, was er euch geben könnte. Aber damit ist es noch nicht genug: Jedesmal, wenn einer die Wahrheit erkannt hat, sind diese Priester gegen ihn.

Kein Wunder, sie können nicht anders. Denn wenn seine Wahrheit unter die Leute kommt, werden Millionen von Priestern auf der Welt arbeitslos. Und ihre Arbeit ist absolut unproduktiv. Sie sind Parasiten. Sie saugen dem Menschen nur das Blut aus. Von dem Augenblick an, wo das Kind geboren wird, bis zu dem Augenblick, wo der Mensch ins Grab steigt, findet der Priester Mittel und Wege, ihn auszubeuten.

Solange die Menschheit nicht aus den Händen der Priester befreit wird, muß sich die Welt mit Pseudoreligion begnügen, wird sie niemals religiös werden.

Und eine religiöse Welt könnte nicht so unglücklich sein. Eine religiöse Welt wird ein ständiges Fest sein.

Ein religiöser Mensch ist nichts als reine Ekstase.

Sein Herz ist voller Lieder.

Sein ganzes Sein ist ständig bereit, zu tanzen.

Aber der Priester hat euch um die Suche betrogen. Er sagt: „Nicht nötig, daß ihr sucht. Es ist schon gefunden. Ihr müßt nur glauben!"

Er hat die Menschen ins Unglück gestürzt, denn er verdammt alle Freuden des Diesseits. Er verdammt die Freuden des Diesseits, um die Freuden des Jenseits herausstreichen zu können.

Das Jenseits ist seine Einbildung. Und er möchte, daß die Menschheit ihre Realität für ein Hirngespinst opfert. Und die Menschen *haben* ihre Realität geopfert.

Wer immer die Wahrheit liebt, wer immer nach der Wahrheit sucht, und wer immer die Wahrheit gefunden hat, der hat die Priester zum Feind.

Je näher du der Wahrheit kommst, desto mehr hast du den Priester zum Feind. Du verdrehst seinen Klienten den Kopf. Du schädigst sein Geschäft. Religion ist für ihn Geschäft.

Und sie sind sehr geübt im Streiten. Sie haben raffinierte Argumente. Sie haben sonst nichts zu tun, sie argumentieren nur. Sie können dir den Kopf verdrehen, sie können dich aufs Glatteis führen: Du kennst die Wahrheit nicht. Sie kennen die Wahrheit zwar auch nicht, aber sie kennen gute Argumente, sie kennen sich aus in sophistischen Spitzfindigkeiten. Sie können deinem Verstand weismachen, was immer sie wollen. Die Priester gehören zur Kategorie der Sophisten.

Sophismus ist eine Hure. Argumente beweisen gar nichts. Ein paar bessere Gegenargumente, und sie sind erledigt.

Ohne die Erfahrung der Wahrheit ist es gefährlich, sich auf Streit, auf irgendwelche Argumente, auf Sophistereien einzulassen, denn wenn die Erfahrung fehlt, kann der Verstand leicht durch Argumente von etwas überzeugt werden, was nicht wahr ist.

Macht zuerst die Erfahrung! Danach braucht ihr keine Angst mehr vor irgendwelchen Argumenten zu haben, denn kein Argument kann euch eure Erfahrung zerstören. Eure Erfahrung hat ihre eigene Qualität – sie spricht für sich.

Die Priester tun sehr demütig, aber sie sind sehr rachsüchtig. Seht euch nur in der Welt um: Die Priester haben immer nur eines getan, nämlich Kriege angestiftet – religiöse Kriege – sie nennen es „Krieg für die heilige Sache". Sie haben noch viel mehr Menschen umgebracht als alle anderen sonst – im Namen der Religion, im Namen der Liebe, im Namen der Wahrheit.

Ihre Demut ist Heuchelei.

Ihre Rachsucht ist nicht neu.

Seit Jahrtausenden schon zerstören sie die Einheit der Menschen. Die ganze Menschheit ist eins, aber die Priester lassen es einfach nicht zu. Denn wenn die ganze Menschheit eins wird, fallen alle Adjektive weg – ob christlich oder jüdisch oder hinduistisch oder mohammedanisch – und dann wissen die Priester nicht mehr aus noch ein. Sie haben gutbezahlte Posten und tun nichts weiter, als Unruhe und Haß zu schüren zwischen den verschiedenen Religionen.

Rührt sie nicht einmal an! Mit ihnen auch nur in Kontakt zu kommen, verunreinigt schon. Sie sind das schmutzigste und ekelhafteste Gewerbe auf Erden.

Und all die Erlöser haben nichts als Ketten gebracht. Tatsache ist, daß kein Mensch einen anderen Menschen erlösen kann. Man kann sich nur selbst erlösen. Aber vorzugeben: „Ich bin der Erlöser – du brauchst nur an mich zu glauben, dann werde ich dich erlösen; ich bin der Heiland, der einzige wahre Retter" – das hat nur Kerker gebracht.

Diese Kerker sind spiritueller und psychologischer Art, darum könnt ihr sie nicht sehen. Denn was meint ihr sonst, wenn ihr sagt: „Ich bin ein Christ", oder „Ich bin ein Hindu", oder „Ich bin ein Buddhist"? Ihr meint damit: „Ich glaube, daß Gautam Buddha mein Erlöser sein wird", oder „Ich warte nur darauf, daß Jesus kommt und mich erlöst."

Damit habt ihr jede eigene Anstrengung aufgegeben, euch zu verändern. Und das ist der einzige Weg, um überhaupt zu irgendeiner Transformation zu gelangen. All diese Erlöser haben nur Gefängnisse für die Menschen gebracht. Und die Priester vertreten weiterhin diese toten Erlöser.

Diese Priester sind genauso hörig, aber ihre Hörigkeit zahlt sich wenigstens aus. Die anderen, die in Hörigkeit leben, verschwenden einfach ihre Zeit mit Warten. Alles Warten ist ein Warten auf Godot, und der kommt nie.

Jede Religion zerstört die Würde des Menschen, nennt ihn Sünder. Statt ihn mit Würde auszustatten, ihn schöner und wahrer zu machen, statt ihn zu einem Gott auf Erden zu machen, haben sie aus der ganzen Menschheit eine Masse von Sündern gemacht. Und man braucht ihnen nur noch zu sagen:" Auf die Knie, ihr Sünder!"

Und das nennen sie dann Gottesdienst, das nennen sie dann Gebet. Es ist reiner Selbstmord. Damit zerstört ihr euch selbst, euren Wert in euren eigenen Augen, eure Selbstachtung, eure Würde.

Ihr seid die höchste Stufe der Evolution.

Die Schöpfung hat gehofft und geträumt, in euch noch höhere Stufen des Bewußtseins hervorzubringen.

Die Existenz träumt, in euch Übermensch zu werden.

Stattdessen haben diese Priester Übersünder geschaffen.

Was sollen all diese Kirchen und Tempel und Synagogen? Ist nicht diese ganze Welt, das ganze Universum ein wunderschöner Tempel? Der Himmel voller Sterne in der Nacht – der Tag lichterfüllt von der Sonne, singende Vögel, blühende Blumen – was könnt ihr denn Schöneres erschaffen?

Dies ganze All ist eure Freiheit.

In einer Kirche an verlogene Ideologien gekettet, seid ihr nichts als Gefangene.

Dieses ganze Universum ist der Tempel Gottes. Und alles was lebt, ist nichts anderes als göttlich.

Alles ist heilig, nichts ist profan.

Die Dualität kommt erst durch die Priester.

Und die Dualität zwischen dem Profanen und dem Heiligen hat eine Dualität in euch geschaffen – zwischen dem Körper und der Seele. Sie hat eine schizophrene Menschheit geschaffen: Jeder ist gespalten.

Solange ihr nicht eins werdet, zu einer tiefen Harmonie, einem tiefen Einklang findet, werdet ihr nie die Sphärenmusik hören, die der Beweis dafür ist, daß die Welt nicht schlecht ist, daß die Welt lebendig ist – und nicht nur lebendig, sondern bewußt... nicht nur bewußt, sondern immerzu erschaffend. Die Christen sagen, daß Gott die Welt in sieben Tagen schuf, und sich am siebten Tag, am Sonntag, ausruhte. Und er ruht noch heute. Sein Montag ist noch nicht gekommen.

Diese Welt, diese riesige Schöpfung ohne Grenzen, ist ein ständiger Schaffensprozeß. Sie wird immer noch weiter erschaffen. Wer sagt denn, daß die Schöpfung in sechs Tagen vollendet war? Und warum soll sie nach sechs Tagen vollendet gewesen sein? Nichts scheint vollendet zu sein. Alles wächst weiter; die Intelligenz des Menschen wächst weiter, sein Bewußtsein wächst weiter.

In jenen sechs Tagen hat Gott weder Zarathustra geschaffen, noch Gautam Buddha geschaffen, noch Jesus Christus geschaffen. Sie sind höhere Stufen der Evolution.

Du bist nur eine Brücke.

Du bist kein Sein, sondern nichts als ein Werden.

Es leuchtet so völlig ein, es scheint so unbezweifelbar, daß der Mensch ein Werden ist! Wenn etwas vollendet ist, ist es auch tot, denn dann gibt es keine Möglichkeit mehr zu wachsen, dann hat es sich erschöpft, hat es sich völlig verausgabt.

Das Leben muß ein Werden bleiben, nicht ein Sein. Es muß immer weiter fortschreiten, muß von einem Himmel zum anderen greifen und von Gipfel zu Gipfel drängen.

Und wenn Gott der Schöpfer der Welt gewesen ist, warum gibt es dann so viel Elend? Warum sterben dann Menschen vor Hunger? Hat Gott das Universum, das er schuf, schon ganz vergessen? Wenn Gott das Universum schuf, dann ist er verantwortlich für all die Sünder, für all die Verbrecher; denn dann hat er den Keim zum Verbrechen und den Keim zur Sünde gelegt. Woher soll sie sonst kommen? Er ist der einzige Schöpfer!

Wenn ein Mensch einen anderen tötet, wer hat den Wunsch zu töten erschaffen?... Wer ist für die Atombomben verantwortlich? Wer war für Adolf Hitler und den Zweiten Weltkrieg verantwortlich? Wer war verantwortlich für den Tod von sechs Millionen Juden im Zweiten Weltkrieg? Und wer wird verantwortlich sein, wenn der Dritte Weltkrieg kommt und alles Leben auf diesem schönen Planeten vernichtet wird?

Gott muß die Verantwortung übernehmen. Wenn er der Schöpfer ist, dann muß er auch der Zerstörer sein, das versteht sich von selbst...

Und trotzdem beten diese Idioten immer noch zu Gott – sie sind wahrhaft heroisch! Ihr Gottesdienst hat etwas Heroisches: zu einem Gott zu beten, der seine eigenen Geschöpfe, Adam und Eva, daran hindert, weise zu werden! Der sie daran hindert, das ewige Leben zu erlangen! Und trotzdem beten die Priester noch immer zu ihm, und blind folgen die Menschen dem Priester.

Im Namen Gottes sind mehr Menschen getötet worden, als in irgendeinem anderen Namen. Seltsamer Gott, seltsamer Schöpfer! Und seltsam seine Stellvertreter, deren ganzes Werk darin besteht, den Menschen zu töten, den Menschen zu zerstören.

Seltsam, diese angeblich religiösen Priester, deren ganze Lehre darin besteht, der Welt zu entsagen – wo doch Gott selbst die Welt erschaffen hat! Könnt ihr den Widersinn nicht erkennen? Wenn Gott die Welt erschaffen hat, dann bedeutet die Abkehr von der Welt die Abkehr von Gott.

George Gurdjieff pflegte zu sagen, daß alle Religionen gegen Gott sind. Er sagte, daß sie gegen Gott sind, weil sie allesamt lehren: „Kehrt euch ab von der Welt." Armer Gott, hat die Welt in sechs Tagen geschaffen und ist davon so müde geworden, daß sein Montag immer noch nicht gekommen ist. Er hat sich seitdem nicht blicken lassen. Vielleicht hat er sich völlig verausgabt und ist erledigt? Hat sich am Sonntag schlafen gelegt und ist nie wieder aufgewacht... Und diese Leute predigen in einem fort: „Kehrt euch ab von der Welt!" Der Welt den Rücken zu kehren, heißt Gott den Rücken zu kehren – denn es ist *seine* Schöpfung.

Sie sehen nicht erlöst aus.

Seht euch nur die Jünger dieser sogenannten Religionen an. Geht und seht euch die Jaina-Mönche an! Ihre Augen werden keine Intelligenz verraten, es wird kein Glanz und kein Leuchten in ihren Gesichtern sein. Sie quälen sich selber, darin besteht ihre mönchische Zucht. Und wenn du dich selber quälst, kannst du keine schöne Blume sein.

Und in allen Religionen dasselbe... Wenn ihr euch den Papst anseht, habt ihr dann vielleicht das Gefühl, als ob er etwas Göttliches ausstrahlte, eine göttliche Aura? Der Papst vor ihm war homosexuell. Ist Homosexualität göttlich? Vielleicht. Denn die christliche Dreifaltigkeit scheint ebenfalls eine Schwulengruppe zu sein: Gottvater, Gottsohn, und dann dieser komische Vogel von heiligem Geist... keine einzige Frau!

Die Päpste haben Jahrhunderte lang Tausende von Frauen lebendig verbrannt, sie als Hexen hingerichtet. Und was war ihr Kriterium, um festzustellen, wer eine Hexe ist? Heutzutage gibt es keine einzige Hexe mehr – plötzlich sind sie aufgetaucht und ebenso plötzlich wieder verschwunden. Es gab kein Kriterium. Jeder konnte sie beim Papst anzeigen.

Der Papst setzte dann ein Sondergericht ein, nur auf den Verdacht hin, daß eine bestimmte Frau vielleicht eine Hexe war – und jeder, der wollte, konnte so einen Verdacht äußern. Nach Gründen wurde nicht gefragt. Die Frau wurde sofort gefangen genommen und furchtbar gefoltert, tagelang: ausgehungert, ausgedürstet, geschlagen. Sie hatten Maschinen zum Foltern erfunden. Und schließlich mußte die Frau, weil dies der einzige Ausweg schien, um der Folter zu entkommen, gestehen, daß sie eine Hexe ist. Ihr Geständnis war das einzige Kriterium. Und so ein Geständnis kann man von jedem haben. Man muß nur genug foltern und keinen Ausweg lassen. Und sie diktierten ihr dann, was sie vor Gericht auszusagen hatte: daß sie eine Hexe ist und eine sexuelle Beziehung mit dem Teufel hat.

Der Teufel existiert nicht, aber die Frau mußte es vor Gericht sagen, sonst fing das Foltern von vorne an. Und kaum hatte sie vor Gericht zugegeben, daß sie eine Hexe sei und mit dem Teufel Unzucht getrieben habe, war das Gericht zufrieden, und weiterer Beweise bedurfte es nicht.

Und das Urteil bestand einfach darin, daß die Frau verbrannt werden mußte, mitten in der Stadt, damit jeder sieht, was passiert, wenn du dich sexuell mit dem Teufel einläßt. Tausende von Frauen wurden einfach verbrannt. Und diese Päpste waren verantwortlich dafür.

Diese Päpste zeigen keinerlei Freude, keine Glückseligkeit, keine Kreativität, keine innere Ruhe. Ja, sie machen immer neue Dummheiten – küssen die Erde! Als dieser Polenpapst hier in Indien zu Besuch war, hat er auf dem Flughafen von Delhi die Erde geküßt. Damals habe ich gesagt:" Da bekommt er den ersten Geschmack von der Religion der Hindus, denn hierzulande ist die Erde mit Kuhmist bedeckt – heiligem Kuhmist." Aber die Erde zu küssen, beweist nur seine Dummheit, und sonst nichts.

Sollen sie erst beweisen, daß sie erlöst sind, daß sie erwacht sind, daß sie befreit sind.

Aber keine Spur davon. Sie scheinen immer geduckter zu werden...

Sie sind Hochstapler. Sie nennen sich Hirten, aber sie gehören zur gleichen Herde wie die Schafe. Denn ihnen ist eine einfache Tatsache nicht bewußt, nämlich die, daß es vielerlei Brücken in die Zukunft gibt. Der Mensch hat so viele Möglichkeiten! Er kann auf so viele Arten und Weisen der neue Mensch werden. Und wir werden eine Welt brauchen, in der jeder neue Mensch unverwechselbar er selbst ist, damit die Vielfalt und damit die Schönheit, die aus der Vielfalt kommt, auf Erden lebendig bleibt. Wenn einer so ist wie der andere, wird das Leben gähnende Langeweile.

Die Priester haben das Wachstum des Menschen zum Stillstand gebracht, haben auf jede erdenkliche Weise seinen Flug in den offenen Himmel verhindert – sie haben ihm keine Freiheit gelassen.

Du brauchst nur eines: einen Weg zu finden in die totale Freiheit, die Freiheit von jeder psychologischen und geistigen Hörigkeit – und du wirst dein eigener Erlöser sein, ein Mensch, der allen bisherigen Erlösern weit überlegen sein wird.

ZARATHUSTRA: A GOD THAT CAN DANCE – 7. April 1987, morgens (Auszüge)

# Der Mensch ist sein eigener Feind

DIE RELIGIONEN HABEN die Ganzheit des Menschen zerstört. Sie haben ihn zerbrochen, nicht nur in Teile, sogar in widerstreitende Teile.

Das größte Verbrechen gegen die Menschheit wurde von den Religionen verübt. Sie haben die Menschheit schizophren gemacht. Sie haben in jedem eine gespaltene Persönlichkeit erzeugt. Man hat es sehr schlau und gerissen angestellt.

Zuerst wurde dem Menschen gesagt: „Du bist nicht dein Körper". Und als zweites: „Der Körper ist dein Feind." Und die logische Folgerung daraus war: „Du bist nicht Teil der Welt, und die Welt ist nichts weiter als deine Strafe. Du bist hier, um bestraft zu werden. Dein Leben ist kein Freudenfest und kann es nie sein. Es kann nur ein Jammertal sein, es kann nur eine Tragödie sein. Leiden ist dein Los auf dieser Erde."

Sie mußten das tun, um Gott preisen zu können, der eine poetische Fiktion ist, und um den Himmel preisen zu können, der eine erweiterte Form menschlicher Gier ist, und um den Leuten Angst zu machen vor der Hölle. Und das Ganze bedeutet nichts anderes, als daß im tiefsten Grund der menschlichen Seele eine riesige Angst erzeugt wird. Auf diese Weise haben sie den Menschen seiner selbst beraubt und in Teile zerlegt.

Keine Religion akzeptiert das einfache, natürliche und reale Phänomen, daß der Mensch eine Einheit ist, und daß diese Welt keine Strafe ist, und diese Welt nicht vom Menschen getrennt ist. Der Mensch ist in dieser Welt verwurzelt, genau wie die Bäume verwurzelt sind. Dieser Planet, die Erde, ist seine Mutter.

Alle Religionen haben die Erde verraten. Sie haben ihre eigene Mutter verraten. Sie haben ihre eigene Lebensquelle verraten. Sie haben die Erde verdammt. Sie haben sich dafür ausgesprochen, ihr zu entsagen. Ununterbrochen predigen sie Entsagung.

Doch wie kannst du deiner eigenen Natur entsagen? Du kannst so tun als ob, du kannst heucheln. Du kannst sogar anfangen zu glauben, daß du kein Teil der Natur mehr bist, aber selbst eure größten Heiligen sind von der Natur abhängig, genau wie eure größten Sünder es sind. Sie brauchen Essen, sie brauchen Luft. Ihre Bedürfnisse ändern sich nicht – worin besteht also ihre „Entsagung"?

Sie erzeugt eine Spaltung in ihrer Psyche. Sie fallen auseinander, in Bruchstücke, und diese Bruchstücke kämpfen unentwegt gegeneinander. Das ist der eigentliche Grund des menschlichen Unglücks, und das ist fast zu einer normalen Erscheinung geworden, denn die Menschen leiden schon seit Jahrtausenden. Jetzt haben sie angefangen, es als gegeben hinzunehmen: Das ist unser Los, das ist unser Schicksal, das ist unsere Bestimmung. Dagegen kann man nichts tun... Die Wirklichkeit ist: Weder ist es unser Schicksal noch unsere Bestimmung – es ist unsere Dummheit. Es ist unsere Unintelligenz, daß wir immer auf die Priester gehört haben und ihren Fiktionen geglaubt haben.

Natürlich zahlen sich diese Fiktionen für die Priester sehr gut aus. Es hat ihnen nichts ausgemacht, die Menschheit in Stücke zu hacken, denn diese Fiktionen dienen ihren Interessen in hervorragender Weise. Ein gesunder und ganzer Mensch, ein Mensch, der nicht in lauter Bruchstücke gespalten ist, kann von den Priestern nicht versklavt werden. Nur ein Mensch, der leidet, braucht Gebete – in der Hoffnung, daß Gott ihm vielleicht hilft. Damit Gott existiert, muß der Mensch leiden. Um Gott mehr und mehr real zu machen, muß der Mensch mehr und mehr schizophren werden.

Je mehr der Mensch in Schmerzen liegt, desto leichter kann er zum Beten und zur Ausführung religiöser Riten überredet weden, denn er will die Schmerzen loswerden. Man kann ihn von Rettern, Gottesboten und Propheten überzeugen. Aber ein Mensch, der glücklich lebt, ein Leben voller Freude lebt, braucht keinen Gott. Ein Mensch, der die Liebe lebt, braucht keinerlei Gebete. Die Krankheit der menschlichen Psyche – das ist es, was unerläßlich ist für die Priester und ihren Stand...

Es ist so schwer, einen Menschen zu finden, der ganz ist! Jeder ist nur Stückwerk. Der eine ist spirituell – und verleugnet seinen Körper. Ein anderer ist materialistisch – er verleugnet seine Seele. Der Spirituelle verleugnet nicht nur den Körper, er verleugnet auch den Verstand.

Alle Theologen sind sehr eifersüchtig, sehr monopolistisch. In Amerika gab es Ende des letzten Jahrhunderts eine große religiöse Bewegung, „Christliche Wissenschaft" genannt. Sie glaubten nur an die Seele – alles andere sei lediglich Illusion, lediglich dein Gedanke. Es habe keine Realität. Sie hatten ihre eigenen Kirchen, wo sie sich trafen und ihre großartige Philosophie erörterten.

Es gibt Leute, die sogar die Existenz des Körpers leugnen. Es gibt Leute, die die Existenz des Geistes leugnen. Und es gibt auch Leute, die die Existenz der Seele leugnen; sie sagen, nur der Körper sei real und alles andere sei Fiktion. All diese Leute, Spiritualisten, Materialisten, sind sich in einem Punkt einig: daß sie dem Menschen nicht erlauben, natürlich zu sein, eine organische Einheit. Irgendetwas muß verworfen werden. Aber das, was man verwirft, bleibt an einem haften. Es ist Teil von dir. Ihr könnt durch ständiges Wiederholen, jahrhundertelanges Wiederholen, euch selbst glauben machen; aber wenn euer Glaube nicht in Einklang mit der Natur ist, kommt Leid dabei heraus.

Die ganze Menschheit leidet. Und das Erstaunlichste daran ist, daß das ganze Leid der Menschheit nur durch diese religiösen Vorstellungen erzeugt ist, welche dem Menschen nicht gestatten, natürlich zu wachsen, natürlich zu leben, natürlich zu lieben. Und wenn dann das Leid kommt, sagen sie: „Seht, haben wir euch nicht immer gesagt, daß diese Erde nichts weiter ist als eine Strafe?"

Es ist eine ganz gerissene Strategie: Erst erzeugt man Leiden, und dann benutzt man das Leiden als Argument dafür, daß ihr in Sünde geboren seid und daß es eine Strafe ist, auf Erden und nicht im Paradies zu sein.

Ihr leidet, weil Adam und Eva Gott nicht gehorchten.

Es ist eine seltsame Logik. Selbst wenn Adam und Eva Gott nicht gehorcht haben... Es war keine so große Sünde. Sie hatten nur einen Apfel gegessen. Weil sie den Apfel aßen – und wir wissen nicht, ob Adam und Eva überhaupt existiert haben –, leidet ihr Jahrtausende später, denn ihr schleppt ihr Erbe mit. Sie sind eure Vorfahren, und eure Vorfahren waren Sünder, folglich seid auch ihr Sünder – und das Leiden im Leben beweist es. Warum gäbe es sonst so viel Leiden?

Die Religionen waren sehr gerissen. Die Priester waren sehr unmenschlich. Sie haben den Menschen gespalten, gegen sich selbst. Im Kampf mit sich selbst, leidet er.

Es ist sehr schwierig, einen totalen Menschen zu finden.

Der totale Mensch wird der Übermensch sein. Der totale Mensch wird der glücklichste Mensch sein. Der totale Mensch wird in den Genuß aller Segnungen kommen, mit denen dieser wunderschöne Planet ihn nur überschütten kann. Aber nur der totale Mensch kann das bekommen.

Warum kann der totale Mensch selig sein? Weil der totale Mensch total lebt, intensiv lebt. Jeden Augenblick preßt er den Saft des Lebens aus. Sein Leben ist ein Tanz, sein Leben ist ein Fest.

Und auf einmal, wenn dein Leben ein Fest ist, kannst du nicht mehr glauben, daß es eine Bestrafung sein soll. Dann kannst du die Lügen der Priester bis auf den Grund durchschauen. Und dann brauchst du kein Paradies, denn du hast es bereits hier und jetzt. Du brauchst es nicht in weite Ferne zu schieben, bis nach deinem Tod.

Was wir Menschheit nennen, ist ein Schlachtfeld.

Jeder wurde auf die eine oder andere Weise zerstört. Jeder wurde in seinem Wachstum gebremst. Jedem fehlt etwas, was absolut notwendig ist, und was zu haben sein Geburtsrecht ist. Und die Verdammer – und alle Priester sind Verdammer – können niemanden glücklich, niemanden freudig sehen. Sofort fallen sie über ihn her und fangen an, seine Freude zu verdammen, sein Vergnügen zu verdammen. Und sie haben sich großartige Argumente zurechtgelegt, wie man die Freude der Menschen zerstört.

Ihr bedeutendstes Argument ist, daß dieses Leben etwas sehr Geringes ist und daß Freude sehr vergänglich ist und unbeständig: „Laßt euch davon nicht täuschen, denn wenn ihr euch davon täuschen laßt, wird euch die ewige Glückseligkeit des Paradieses entgehen!"

Natürlich, da ist das Risiko sehr hoch. Bloß für eine kleine Freude, das Genießen des Frühstückstees etwa, willst du deine ewige Glückseligkeit im Paradies nicht aufs Spiel setzen. Und dieses Leben besteht aus kleinen Freuden. Und all diese Freuden zusammen genommen machen dein Leben an und für sich zu einer Freude. Man braucht keine großen Freuden. Das Paradies dieser Leute mitsamt seiner ewigen Glückseligkeit ist nur ein Märchen, denn niemand hat es je gesehen, niemand ist zurückgekommen und hat gesagt: „Ja, ich bin ein Augenzeuge".

Im Namen fiktiver Götter und im Namen fiktiver Freuden wurde das, was wirklich ist, zerstört.

Es bleibt nur die Hoffnung, daß der Mensch eines Tages begreifen wird... Wie lange kann er in den Gefängnissen bleiben, die die Priester geschaffen haben? Sie mögen sie Kirchen, Tempel oder Moscheen nennen. Es spielt keine Rolle, welchen Namen sie ihren Gefängnissen geben. Es tut so weh, menschliche Wesen wie Vieh gebrandmarkt zu sehen: Einer ist ein Hindu, einer ist ein Mohammedaner, einer ist ein Christ...

Schaut euch um, rund um die Erde – es ist sehr schwer, auch nur einen einzigen Menschen zu finden, der nicht abgestempelt ist, der noch frei ist vom Mob, der noch frei ist von der Masse, der immer noch er selbst ist; und der ein harmonisches Ganzes ist, und der furchtlos seiner Natur gemäß lebt.

Außer der Natur gibt es keine Religion. Und man muß nicht lernen, was Natur ist. Wenn du durstig bist, weißt du, du brauchst Wasser. Wenn du hungrig bist, weißt du, du brauchst Nahrung. Deine Natur führt dich immer.

Es gibt keinen anderen Führer außer der Natur. Alle anderen Führer sind Verführer. Sie bringen dich vom natürlichen Kurs ab. Und bist du einmal vom natürlichen Kurs abgekommen, beginnt das Unglück. Und dein Unglück ist ihre Freude, denn nur die Unglücklichen gehen in die Kirchen, nur die Unglücklichen gehen in die Tempel.

Wenn man sich glücklich fühlt, voller Freude, jung und gesund – wer schert sich da um die Kirchen? Das Leben ist so reich, und das Leben ist so eine Freude, wer will schon diese Grabstätten betreten, wo Traurigkeit für Ernsthaftigkeit gehalten wird, wo lange Gesichter für fromm gehalten werden, wo, wenn du in schallendes Gelächter ausbrichst, du für verrückt erklärt wirst? Wo Tanzen nicht erlaubt ist, wo Liebe verboten ist, wo man sitzen und sich tote Wörter anhören muß, so alt und so verstaubt – sie berühren dein Herz nicht, sie lassen dein Innerstes kalt. Aber diese Kirchen und Tempel und Moscheen haben den Menschen beherrscht... Das kann nicht ewig so weitergehen. Eines Tages wird die Intelligenz des Menschen rebellieren.

Rebellion ist die einzige Hoffnung. Eines Tages wird der Mensch all diese sogenannten Gotteshäuser zerstören, denn dieser Planet, dieser Himmel voller Sterne, ist der einzige Tempel, den es gibt. Alle anderen Tempel sind von Menschenhand. Und dieses Leben, in den Bäumen, in den Tieren, in den Menschen, ist der einzige lebende Gott.

Die Götter, die in den Tempeln sitzen, sind nur von Menschen fabriziert. Es ist sehr seltsam, daß diese Religionen weiterhin behaupten, daß Gott die Welt erschaffen habe, während ihre Götter von Menschen erschaffen wurden. Sie sagen: „Gott machte den Menschen genau so, wie er selbst aussieht. Er schuf den Menschen nach seinem Bilde".

Die Wahrheit ist genau das Gegenteil: Der Mensch hat Gott nach seinem Bilde geschaffen. Deswegen wird ein chinesischer Gott anders sein als ein Hindu-Gott, wird ein afrikanischer Gott anders sein als ein europäischer Gott. Denn die Menschen schaffen Götter nach ihrem eigenen Ebenbild. Und die Dummheit wird auf die Spitze getrieben: Ihr schafft diese Bildnisse, und dann kniet ihr vor ihnen nieder! Kann man sich etwas Hirnverbrannteres vorstellen? Und dann fangt ihr an zu beten!

Kindern könnte man das noch nachsehen; sie lieben ihre Spielzeuge, und sie lieben ihre Teddybären. Aber ihr seid nicht erwachsen, auch ihr liebt eure Teddybären. Eure Teddybären stehen in euren Tempeln, in euren Kirchen, in euren Synagogen. Aber es sind Teddybären, und sie erfüllen dieselbe Funktion.

Ein Kind fühlt sich einsam ohne Teddybär. Vor ein paar Tagen war gerade ein kleines Kind hier. Seine Mutter ist Sannyasin, Amrito aus Griechenland. Und als ich in Griechenland war, hat er sich mit mir gut angefreundet. Er hat mir einen Teddybären mitgebracht. Und er sagte zu seiner Mutter: „Ich gehe nicht eher weg, als bis ich Bhagwan den Teddybären geschenkt habe, denn er lebt allein. Er braucht Spielgefährten."

Was sind eure Götter? Tröstungen – denn ihr fühlt, selbst inmitten der Menge, daß ihr allein seid. Ihr braucht einen Teddybären im Himmel, einen ewigen Teddybären, der immer bei euch bleibt. Er ist allwissend, allgegenwärtig, allmächtig. Er kann alles. Er ist einfach ein Trost.

Leute, die an Gott glauben, haben sich nicht erlaubt, erwachsen zu werden. Sie sind psychologisch zurückgeblieben. Ansonsten wäre da kein Bedürfnis nach einem Gott.

Das Leben ist sich selbst genug, und es ist so schön, so voller Lieder und Blumen und Vögel am Himmel. Es ist die absolute Freiheit, zu wachsen und du selbst zu sein. Es gibt dir keine Zehn Gebote. Es akzeptiert dich wie du bist. Es macht nicht viel Getue darum, wie du sein solltest. Seine Liebe und seine Achtung für alles, was lebt, ist bedingungslos.

Wozu braucht ihr eure Götter? Weil es euch schlecht geht. Die Strategie ist also so: „Laßt die Menschen nicht glücklich werden – sonst verschwindet die Religion."

Es gehört zu den großen Einsichten Bertrand Russels, daß er sagte: „Wenn die ganze Welt glücklich wird, kann ich garantieren, daß es keine Religionen mehr geben wird“. Und in dem, was er da sagt, steckt enorme Wahrheit. Die Religionen wollen, daß die Leute arm bleiben, krank bleiben, unglücklich bleiben und in ständiger Angst bleiben. Natürlich werden die Menschen dann schwach und brauchen etwas Unterstützung. Und der Priester ist bereit, diese Unterstützung zu geben. Er ist bereit, Gott zu informieren: „Dieser Mann braucht dein Mitgefühl“ – auch wenn anscheinend kein Gebet je erhört wird.

Aber die Priester sind sehr schlau. Sie sagen: „Eure Gebete werden nicht erhört, weil ihr es nicht wert seid. Ihr verdient es nicht. Ihr seid Sünder. Ihr versündigt euch gegen die Religion“. Und es ist fast unmöglich, zu leben, ohne irgendeine Sünde zu begehen.

Sie haben dem Menschen einfach alles unmöglich gemacht, also ist jeder unwert. Und natürlich, wenn du unwert bist..., du hast Wünsche, du hast Sehnsüchte – sie werden alle verurteilt. Du hast eine Biologie, du bist aus der Biologie heraus geboren. Jede deiner Zellen ist nichts als sexuelle Energie. Du möchtest jemanden lieben, aber alle Religionen sind dagegen. Liebe – und die Hölle ist dir gewiß!

Aber deine Biologie zwingt dich zu lieben, also liebst du halbherzig, mit Angst, mit großer Traurigkeit im Herzen, in dem Wissen, daß du eine Sünde begehst. Natürlich kannst du die Liebe nicht genießen. Und weil du sie nicht genießen kannst, brauchst du mehr. Und weil du mehr brauchst, wirst du ein immer größerer Sünder. Du kannst also jedem Menschen, ohne auch nur einen Blick auf seine Lebensgeschichte zu werfen, sagen, daß er unwert ist, und daß deswegen sein Gebet nicht erhört worden ist,

Tatsache ist: Es ist niemand da, es zu hören. Tatsache ist: Es ist niemand da, darauf zu antworten. Tatsache ist, daß der Mensch, der betet, psychologisch irgendwo steckengeblieben ist.

Nach dem 2. Weltkrieg wollte man das geistige Durchschnittsalter der Soldaten herausfinden, denn die Psychologen hatten damals gerade einen Weg gefunden, Intelligenz besser zu messen. Sie waren schockiert. Sie hätten nie gedacht, daß das Ergebnis so ausfallen würde: Das geistige Alter der Soldaten war dreizehn. Und diese Soldaten sind nicht etwa unintelligenter als jeder andere auch.

Es scheint also, daß der Körper weiter wächst – natürlich an Jahren – und der Geist im Alter von dreizehn oder vierzehn stehenbleibt. Du magst also achtzig Jahre alt sein, aber wenn du vor einem

Gott niederkniest, bist du nichts als ein dreizehnjähriger Junge: Auch wenn du mit deinem Körper kniest – es ist genauso deine Psychologie, die kniet.

Die Religionen haben viele Schäden angerichtet. Niemand hat sich Gedanken gemacht, warum das geistige Alter mit dreizehn oder vierzehn stehenbleibt. Es ist so einfach: Das ist die Zeit, wenn die Jungen und Mädchen sexuell reif werden. Sobald sie sexuell reif werden, braucht die Biologie keine weitere Intelligenz mehr.

Wenn du dich nicht selbst anstrengst, bleibt dein geistiges Alter bei dreizehn oder vierzehn stehen. Die Biologie hat ihr Soll erfüllt. Du bist sexuell reif. Dies bißchen Intelligenz reicht aus, um Kinder zu zeugen. Wenn du mehr Intelligenz möchtest, dann mußt du etwas dafür tun, dann mußt du meditieren, dann mußt du deine Intelligenz schärfen.

Aber keine Religion will, daß du jemals intelligent wirst, denn ihre ganze Lehre ist das Glauben. Wer glaubt, braucht keine Intelligenz. Solange du nicht lernst zu zweifeln, wird deine Intelligenz nicht weiterwachsen, denn Zweifeln bedeutet Nachforschen; Glauben heißt, alles Nachforschen auszuschließen.

Weil dem Menschen Glaubenssysteme aufgezwungen wurden, blieb sein geistiges Alter bei vierzehn stehen. Und diese Vierzehnjährigen sind Christen, Hindus, Mohammedaner. Wenn ihre Intelligenz steigt, werden sie anfangen zu sehen, daß das, was sie für Religionen gehalten haben, nichts als Aberglaube ist. Wenn ihre Intelligenz noch weiter steigt, werden sie anfangen, an Gott, am Himmel und der Hölle zu zweifeln. Sie werden anfangen, den Priester und seine Religiosität anzuzweifeln. Sie werden alles hinterfragen. Und die Religionen haben keine Antworten darauf.

Gerade heute sagte ich euch, daß es für die Jainas einer der Grundpfeiler ihrer Religion ist, daß nichts Geschmack haben darf. Ich fragte einmal einen Jaina-Mönch: „Wenn es einer der Grundpfeiler deiner Religion ist, nichts zu schmecken, warum sind dann dem Menschen von der Natur Geschmacksknospen verliehen worden?" Die Natur schenkt nie etwas ohne Grund.

Und der buddhistische Mönch muß immer so gehen, daß er nur zwei Schritte voraus schaut. Er darf nicht weiter schauen. Er darf seinen Kopf nicht aufrecht halten, denn er könnte eine schöne Frau sehen – das ist das Problem! Schaut er zwei Schritte voraus, kann er höchstens die Füße einer Frau sehen, aber nicht das Gesicht der Frau.

„Aber wenn die Liebe zwischen Mann und Frau etwas Verkehrtes ist, warum sollte dann die Natur dieses Verlangen mitgeben?“ wird sich jeder intelligente Mensch fragen. Selbst Buddha wäre dann nicht geboren worden – wie gut, daß Buddhas Vater kein buddhistischer Mönch war! Sonst wären uns all diese großen Menschen entgangen.

Die Natur möchte sich fortpflanzen – neues Leben, neue Formen; besseres Leben, bessere Formen. Die Natur ist ein ewiger Evolutionsvorgang. Aber die Religionen sind dagegen, denn je weiter entwickelt ein Mensch ist, desto kleiner ist die Wahrscheinlichkeit, daß er irgendeiner religiösen Dummheit zum Opfer fällt.

Wenn die Intelligenz steigt, werden die Tempel leer sein – aber das Leben wird unendlich schön werden.

ZARATHUSTRA: THE LAUGHING PROPHET – 10. April 1987, morgens (Auszüge)

# Eine Geschichte der Zukunft?

*Bhagwan,*
*Wir schreiben ein Buch mit dem Titel „Eine Geschichte der Zukunft“. Da Du sehr ausgeprägte Ansichten über das Menschengeschlecht und unseren Planeten hast, würden wir gern von Dir erfahren, was der Mensch in Zukunft Deiner Meinung nach durchmachen wird, und wie er es überstehen wird.*

ZUNÄCHST MÖCHTE ICH an meine Einstellung zur Zukunft erinnern, nämlich daß alle Vorhersagen Ratespiele sind. Die Zukunft bleibt immer unbekannt und nimmt seltsame Wendungen, die sich niemand hätte träumen lassen.

Außerdem ist es meine Lebenseinstellung, sich nie um Vergangenheit oder Zukunft zu kümmern. Die Vergangenheit ist nicht mehr, die Zukunft ist noch nicht; alles, was wir in Händen halten, ist dieser Augenblick. Das Vergangene ist tot, und das Zukünftige ist ungeboren.

Vor dem Hintergrund dieser Einstellung möchte ich gern ein paar Dinge sagen. Erstens: Aller Wahrscheinlichkeit nach wird es überhaupt keine Zukunft geben, was das Leben angeht. Wir geraten immer tiefer in eine Sackgasse. Es ist traurig, sich diese Tatsache einzugestehen, aber es ist gut, sie sich einzugestehen, denn dann gibt es noch eine Möglichkeit, einen anderen Weg einzuschlagen. Aber wie sich die Dinge heute entwickeln, ist die logische Schlußfolgerung ein globaler Selbstmord.

Es gibt nur eine Hoffnung: daß das Leben nicht der Logik folgt. Das Leben ist irrational. Wäre es rational, mathematisch und logisch, dann kann man dem Leben auf dieser Erde nicht mehr als weitere zwanzig Jahre geben. Und zwar aus fünf Gründen.

Erstens stapeln sich mit jedem Tag mehr Atomwaffen. Wir haben jetzt schon so viel atomare Macht, daß die Erde siebenmal zerstört werden kann. Und daran seht ihr den Wahnsinn des Menschen, denn was soll es jetzt noch, immer mehr Atomwaffen aufzustapeln?

Nicht jeder ist ein Jesus Christus, und nicht jeder kann wieder und wieder von den Toten auferstehen... siebenmal! Ja, die Wahrheit ist, daß Jesus selbst nie von den Toten auferstanden ist, weil er überhaupt nicht am Kreuz gestorben ist....

Das zweite Problem ist die ungeheure Geschwindigkeit, mit der die Weltbevölkerung wächst. Bis Ende dieses Jahrhunderts werden wir sieben Milliarden Menschen auf der Erde haben. Und die Erde ist so ausgebeutet worden, daß sie jetzt eine solche Bevölkerung nicht mehr ernähren kann. Fünfzig Prozent der Bevölkerung müssen einfach vor Hunger sterben.

Und von Seiten der Politiker wird keinerlei Anstrengung unternommen, um die Bevölkerungsexplosion zu verhindern.

Das dritte Problem ist die Seuche Aids, die sich ausbreitet wie ein Buschfeuer. Und es scheint keine Möglichkeit zu geben, wenigstens in den kommenden zwanzig Jahren, ein Heilmittel dagegen zu finden. Die Wissenschaftler sind sich mehr oder weniger einig, daß es keine Heilung gibt.

Aber kein Land erklärt das Zölibat zum Verbrechen. Und das Zölibat ist die Ursache für die Seuche Aids. Die Mönche, die Soldaten, die Studenten, die getrennt von Frauen leben, sie sind es, die homosexuell werden. Und Homosexualität hat die Seuche hervorgerufen. Aber Homosexualität ist nur ein Symptom. Das wirkliche Problem ist das Zölibat – die Absage an den Sex.... Alle Religionen leiden darunter. Denn alle lehren sie das Zölibat. Aber keine Religion ist bereit, dies einzugestehen, und jedesmal, wenn man sich einen Feind nicht eingesteht, gibt man dem Feind noch mehr Macht. Erkennt ihn, damit ihr Mittel und Wege finden könnt, den Feind zu bekämpfen!

Das vierte große Problem, das sich dem Menschen in den kommenden zwanzig Jahren stellen wird, ist der Zusammenbruch der Ökologie. Auf vielerlei Weise vergiften wir ahnungslos unsere eigenen Lebensquellen. Das Leben braucht ein ökologisches Gleichgewicht – dieses Gleichgewicht wird gestört.

Und die Ökologie wird nicht etwa nur aus einer einzigen Richtung gestört, sondern wird mit multidimensionalen Methoden zerstört. Zum Beispiel ist die atmosphärische Hitze aufgrund der Atomversuche gestiegen wie nie zuvor. Und zum ersten Mal ist es nicht ausgeschlossen, daß das Eis auf beiden Polen, dem Süd- und dem Nordpol, zu schmelzen begonnen hat. Es ist nie zuvor geschmolzen.... Wenn die Hitze der Atmosphäre noch ein wenig weiter steigt, dann wird das Himalaja-Eis zu schmelzen beginnen. Alle Ozeane werden all eure Großstädte überfluten, denn sie alle liegen am Meer.

Und das gefährlichste von allem ist das fünfte. Und das ist der Mensch selbst, mit all seinen Diskriminierungen zwischen Schwarz und Weiß, zwischen Ost und West. Und jetzt ist noch eine neue Diskriminierung dazugekommen – die zwischen Nord und Süd.

Die Menschheit ist durch Religionen zersplittert, durch Nationen, durch Hautfarbe, durch Rasse. Und alle gehen einander an die Kehle.

Diese fünf Gefahren abzuwenden, denen sich der Mensch nie hat stellen müssen, scheint nahezu unmöglich zu sein – es sei denn, es geschieht ein Wunder. Aber Wunder kommen immer nur in Märchen vor, nie im wirklichen Leben.

Und der Faktor, der am meisten bestürzt, ist der, daß die Intelligentia der Welt, die Politiker der Welt, die Philosophen der Welt, allesamt diese Fakten ignorieren. Es kommt in gefährlichen Zeiten vor, daß man seinen Seelenfrieden nur noch dadurch schützen kann, daß man die Gefahr ignoriert. Das nennt man „Vogel-Strauß-Logik": Wenn du den Feind nicht sehen kannst, gibt es den Feind nicht.

Und die Leute beschäftigen sich mit Nichtigkeiten, mit lauter Dummheiten... während größte Gefahren vor der Tür stehen. Ich hoffe, daß ein wenig Vernunft in die Menschheit kommt und das Leben gerettet werden kann. Aber dann müssen wir uns all diesen fünf Faktoren sehr genau stellen.

Die Welt sollte nur eine Regierung haben. Es dürfte keine Nationen mehr geben. Auf diese Weise können wir jede Kriegsmöglichkeit ausschließen.

Die Welt sollte nur eine Art von Religiosität haben, nicht eine Religion. Nur eine gewisse Religiosität – eine Dankbarkeit gegenüber der Existenz, ein liebendes Herz, ein meditatives Bewußtsein. Das Eigentliche an der Religion sollte gerettet werden. Und das Christentum, und der Hinduismus, und der Buddhismus, und der Jainismus, und der Mohammedanismus – alle sollten sie von der Erde verschwinden. Sie werden nicht mehr benötigt. Sie haben genug Schaden angerichtet. Aber jetzt nimmt der Schaden so überhand, daß sie nicht mehr toleriert werden können.

Wozu sind noch Nationen nötig?

Die ganze Erde ist eins.

Und Probleme lassen sich ganz leicht lösen, wenn es nur eine einzige, funktionale Weltregierung gibt, wo Verdienste entscheiden, nicht die Macht der Stimmen. Nur die Fähigsten – technisch, wissenschaftlich fähig, mit dem Problem fertigzuwerden – sollten das Sagen haben, und nicht aufgrund von Stimmen.

Und obwohl alle Religionen das Zölibat gepredigt haben, wirft niemand die Frage auf, ob das Zölibat natürlich ist. Ist es menschenmöglich, zölibatär zu leben? Kann etwa irgendein Wissenschaftler oder irgendein medizinischer Experte oder irgendein psychologischer Experte die Idee der sexuellen Enthaltsamkeit unterstützen? Und doch sagt kein Mensch auch nur ein Wort gegen das Zölibat, und damit kommen alle möglichen sexuellen Perversionen in die Menschheit. Vielleicht ist Aids nur der Anfang, und uns stehen noch viel gefährlichere Krankheiten bevor.

Und als letztes erwähnte ich den Menschen. Der Mensch ist nicht zeitgemäß. Er lebt Jahrtausende zurück, und alles andere hat sich verändert. Seine Wut ist die gleiche, sein Kampfinstinkt ist der gleiche wie zu der Zeit, als ihr Steinwaffen hattet. Jetzt hat der gleiche Mensch, der Steinwaffen hatte, Nuklearwaffen – und der Mensch hat sich nicht verändert. Und die Technologie hat ihm mehr und mehr destruktive Macht gegeben. Wenn es zu einem Weltkrieg kommt, wird es ein Knopfdruck-Krieg sein. Und die ganze Welt läuft in den Rachen des Todes. Und niemand wird siegen, und niemand wird unterliegen.

Aber jetzt ist die richtige Zeit, eine „Geschichte der Zukunft" zu schreiben, denn in zwanzig Jahren wird niemand mehr da sein, sie zu schreiben, und niemand, sie zu drucken, und niemand, sie zu lesen. Und wenn du Fragen aufwirfst, die gefährlich sind, werden die Leute sehr ärgerlich mit dir.

Ich habe mir die ganze Welt zu Feinden gemacht, aus dem einfachen Grund, daß ich nicht aufhöre, die Vogel Strauße beim Hals aus dem Sand zu ziehen und ihnen zu sagen, daß es egal ist, ob sie den Feind sehen oder nicht. Besser man sieht ihn, denn wenn du siehst, hast du vielleicht noch die Möglichkeit zu entkommen. Aber wenn du den Kopf in den Sand steckst, bist du absolut preisgegeben. Aber dem Strauß ist sehr wohl, wenn sein Kopf unterm Sand steckt. Und wenn du ihn am Hals ziehst, wird er wütend, weil er den Feind wieder sehen muß.

Niemand will den Feind sehen.

Mit kleinen Dingen hält sich der menschliche Geist beschäftigt, damit er die wirklichen Probleme nicht anzugehen braucht. Ich habe euch erklärt, daß die wirklichen Probleme, die die Menschheit zerstören werden, fünf an der Zahl sind. Lösungen sind sehr leicht, aber es ist ein einziges Irrenhaus. Niemand scheint zu begreifen.

Alle Atomwaffen in den Pazifik.

Alle Verdammung des Sex und alle Wertschätzung des Zölibats müssen absolut aufhören. Sonst können wir Aids nicht loswerden. Es wird sich ausbreiten – es breitet sich aus.

Es ist eine simple Tatsache, daß die Erde ungeteilt ist. Wozu sind so viele Nationen nötig? Außer daß eine Menge Leute ihre Egotrips damit befriedigen, haben sie keinen Zweck.

Wenn die Religionen von der Erdoberfläche verschwinden, werden viele Idiotien mitverschwinden. Sie sind gegen Geburtenkontrolle und sind vollauf damit beschäftigt, noch mehr Kinder in die Welt zu setzen, weil mehr Kinder mehr Macht bedeuten. Macht in zweifacher Hinsicht: mehr Stimmen, und mehr Kanonenfutter für eure Kriege.

Absolute Geburtenkontrolle sollte praktiziert werden, zwanzig oder dreißig Jahre lang. Das ist keine Frage der Demokratie, sondern eine Frage von Leben und Tod. Wenn die ganze Welt sterben wird, was wollt ihr dann mit eurer Demokratie anfangen? Dann herrscht die Demokratie der Gräber: Durch die Gräber für die Gräber. Denn Menschen werden keine mehr da sein.

Die Religionen schleppen allen möglichen Aberglauben mit, und der behindert eure Intelligenz, euer Blickfeld, eure Möglichkeiten, einen neuen Menschen auf Erden zu schaffen.

Eins steht fest: Die alte Menschheit wird sterben.

Wenn wir die Menschen auf der Welt zum Verstehen bringen können, dann kann eine neue Art von Mensch weiterleben.

Das wird dann ein Weltbürger sein – ohne Nationen. Er wird religiös sein – aber ohne Religion. Er wird wissenschaftlich sein – aber nicht destruktiv. Seine ganze Wissenschaft wird dem Kreativen gewidmet sein. Er wird fromm sein, mitfühlend, liebevoll – aber nicht zölibatär.

Und ein neuer Mensch ohne jeden Ballast der Vergangenheit, meditativer, stiller, liebender... Alle Universitäten sollten, statt ihre Zeit mit oberflächlichen Fächern zu verschwenden, mehr Zeit darauf verwenden, mehr Bewußtsein im Menschen zu entwickeln.

Alles sollte wissenschaftlich gelehrt werden, nicht abergläubisch. Dann besteht die Möglichkeit einer Zukunft des Menschen.

Wenn wir einen ernsthaften Schritt gegen all diese fünf Gefahren tun, die der Menschheit drohen, besteht die Möglichkeit eines neuen Menschen, eines besseren Menschen, eines natürlichen Menschen, eines gesünderen Menschen, eines religiöseren Menschen... in der Zukunft.

Eine Welt ohne Kriege, ohne Nationen, ohne Religionen – eine Welt, friedlich, liebevoll – eine Welt auf der Suche nach der Wahrheit, nach Glück, nach Ekstase.

Aber wenn diese fünf Probleme nicht sofort gelöst werden, ist keine Zukunft möglich.

Ihr solltet euer Buch, „Eine Geschichte der Zukunft", so schnell wie möglich zu schreiben anfangen, denn höchstwahrscheinlich wird es keine Zukunft geben.

THE RAZOR'S EDGE – 26. Februar 1987, abends (1. Frage (Auszüge)

# Aus dem Schlamm – der Lotus

Bhagwan,

*Warum haben die Menschen von Anbeginn an gekämpft? Hat es nicht schon früher hochentwickelte Zivilisationen auf der Erde gegeben? Und dennoch ist ihr Bewußtsein verloren gegangen und mußte der Mensch wieder ganz von vorn anfangen. Im Augenblick scheint die Zeit besonders dunkel zu sein. Gibt es so etwas wie ein kosmisches Gesetz, das besagt, daß nur aus dem Schlamm der Lotus wachsen kann? Und wird diese Erde jemals ein Garten voller Blumen werden?*

DIE FRAGE, DIE du gestellt hast, ist von ungeheurer Tragweite. Erstens: Zum einen: Es hat vor unserer Zivilisation schon viele Zivilisationen gegeben, die sogar noch höhere Gipfel erreicht haben; aber sie alle haben sich selbst zerstört, weil all diese Zivilisationen – unsere eingeschlossen – sich in tiefer Unausgeglichenheit entwickelt haben. Sie entfalteten große Technologien, aber sie vergaßen, daß selbst der größte technische Fortschritt den Menschen nicht seliger, friedvoller, liebevoller und mitfühlender machen wird.

Das Bewußtsein des Menschen ist nicht im gleichen Tempo gewachsen wie sein wissenschaftlicher Fortschritt, und das ist die Ursache, warum all die alten Zivilisationen sich selbst zerstört haben. Es gab keine äußere Ursache, keinen äußeren Feind: Der Feind war im Inneren des Menschen.

Er schuf regelrechte Monstren, was Maschinen angeht, aber er selbst blieb unterentwickelt, unbewußt, fast in Schlaf versunken. Und es ist sehr gefährlich, unbewußten Menschen so viel Macht zu geben.

Das gleiche geschieht heute wieder. Die Politiker gehören, was Bewußtsein angeht, in die unterste Kategorie. Sie sind schlau, sie sind gerissen, und gemein sind sie auch. Und sie haben nur ein einziges Ziel im Sinn: wie sie noch mächtiger werden können.

Ihr ganzes Verlangen dreht sich um mehr Macht. Nicht um mehr Frieden. Nicht um mehr Dasein. Nicht um mehr Wahrheit. Nicht um mehr Liebe.

Und wozu braucht man mehr Macht? Um andere zu beherrschen, um andere zu vernichten. Alle Macht sammelt sich in den Händen unbewußter Leute. So lag denn einerseits in allen Zivilisationen, die entstanden und wieder untergegangen sind – oder besser gesagt Selbstmord begangen haben – die Macht in den Händen dieser unbewußten Leute. Und auf der anderen Seite suchte der Genius der menschlichen Intelligenz nach immer neuen technischen und wissenschaftlichen Methoden. Und alles, was sie dann schließlich entdeckten, mußte in die Hände der Politiker fallen.

Kein anderer als Albert Einstein schrieb einen Brief an Präsident Roosevelt von Amerika: „Ich kann die Atombombe bauen. Ich bin im Besitz des ganzes Geheimnisses, und derjenige, der die Atombombe hat, wird Sieger im Zweiten Weltkrieg sein."

Roosevelt lud ihn augenblicklich ein und stellte ihm alle Mittel zur Verfügung, um die Atombombe zu bauen. Als die Atombombe schließlich fertig war, war Roosevelt nicht mehr Präsident. Truman hatte seinen Platz eingenommen.

Deutschland war besiegt, und es konnte sich nur noch um höchstens sieben Tage handeln – darin sind sich alle militärischen Experten der Welt einig – bis auch Japan kapitulieren würde. Es gab keinen Ausweg, denn alle Macht war aus Deutschland gekommen, Japan war nur ein Bundesgenosse. Und selbst amerikanische Generäle rieten Truman, daß jetzt keine Atombomben mehr gebraucht würden. Japan würde sich auch mit gewöhnlichen Bomben innerhalb von sieben Tagen ergeben.

Aber Truman wollte nichts davon hören. Wieder schrieb Albert Einstein einen Brief, daß es nun nicht mehr nötig sei. Aber wen kümmert jetzt Albert Einstein? Die Bomben sind in den Händen des Präsidenten.

Und Truman bombardierte ohne jeden Grund zwei Städte Japans, Hiroshima und Nagasaki, große Städte. Jede Stadt hatte mehr als hunderttausend Einwohner. Und binnen fünf Minuten hatten sich all diese Menschen in Luft aufgelöst.

Eine solche Zerstörung hatte es noch nie gegeben – noch dazu eine Zerstörung, die völlig überflüssig war! Aber Truman hatte es eilig – er befürchtete, daß wenn Japan kapitulierte, es keine Gelegenheit mehr geben würde, die Atombomben einzusetzen, die mit so viel Geldaufwand hergestellt worden waren. Und er würde der ganzen Welt nicht mehr beweisen können, daß Amerika die größte Macht ist und daß er der Mann ist, der den Schlüssel zur größten Macht in Händen hält.

Diese Bomben auf Hiroshima und Nagasaki waren nicht dazu gedacht, Japan zu besiegen. Ihr eigentlicher Zweck war ein völlig anderer: das Ego Präsident Trumans zu befriedigen: „Ich bin der größte, der mächtigste Mann auf der ganzen Welt, und meine Nation steht jetzt ganz oben." Und so etwas ist wieder und wieder passiert.

Vor dem Zweiten Weltkrieg war niemand bereit zu glauben, daß es so zerstörerische Waffen schon früher gegeben hatte. In den alten Schriften Indiens gilt die Geschichte vom Mahabharata, dem großen indischen Krieg vor fünftausend Jahren, als reiner Mythos. Man konnte sich nicht vorstellen, daß so gewaltige Waffen schon vor fünftausend Jahren zur Verfügung standen.

Aber nach dem Zweiten Weltkrieg ist es heute absolut klar, daß man damals, der Beschreibung des Mahabharata zufolge, etwas entdeckt hatte, das der Atomenergie sehr nahe kommt. Sie zerstörten eine sehr große Zivilisation, aber diese Zerstörung kam aus dem Inneren ihrer eigenen.

Und wieder bewegen wir uns auf die gleiche Situation zu. Die Zerstörung kommt nicht von irgendeinem anderen Planeten. Wir graben uns unsere eigenen Gräber. Es mag uns bewußt sein, es mag uns nicht bewußt sein – wir alle sind Totengräber. Und wir alle schaufeln uns unser eigenes Grab.

Im Augenblick gibt es nur fünf Nationen, die im Besitz von Atomwaffen sind. Und ihr Atomwaffendepot ist millionenfach stärker als die Atombomben des Zweiten Weltkrieges. Die Wissenschaftler heute sagen, daß im Vergleich zu den modernen Nuklearwaffen die Atombomben des Zweiten Weltkrieges eher mit Knallfröschen zu vergleichen sind.

Und im Jahre Zweitausendzehn werden noch weitere fünfundzwanzig Länder Atommächte sein. Die Sache wird außer Kontrolle geraten. Dreißig Nationen im Besitz einer so ungeheuren Zerstörungskraft, daß schon eine einzige Nation die ganze Welt zerstören kann! Ein einziger Verrückter, ein einziger Politiker kann, um seine

Macht zu demonstrieren, die gesamte Zivilisation vernichten; und ihr müßt wieder bei ABC anfangen.

Und diese Vernichtung droht nicht nur der Menschheit. Mit der Menschheit sterben all die Gefährten der Menschheit – die Tiere, die Bäume, die Vögel, die Blumen, – alles verschwindet, alles, was lebt.

Aber die Ursache ist ein Ungleichgewicht in unserer Evolution. Wir entwickeln unsere wissenschaftliche Technologie immer weiter, ohne uns auch nur im geringsten darum zu kümmern, daß unser Bewußtsein sich ebenfalls im gleichen Verhältnis entwickeln sollte. Ja, unser Bewußtsein sollte sogar einen kleinen Vorsprung vor unserem technologischen Fortschritt haben.

Wenn unser Bewußtsein im Zustand der Erleuchtung wäre... in den Händen eines Gautam Buddha sind Atomwaffen nicht mehr gefährlich. In den Händen eines Gautam Buddha wird Atomenergie in eine kreative Energie umgewandelt werden, denn Energie ist immer neutral. Entweder kann man damit zerstören, oder man kann Mittel und Wege finden, etwas damit zu erschaffen.

Aber im Augenblick sind unsere Kräfte groß, und unsere Menschlichkeit ist sehr klein. Es ist, als hätten wir Bomben zum Spielen in die Hände von Kindern gegeben. Du fragst: „Warum haben die Menschen von Anbeginn an gekämpft?"

Es liegt an der Unausgewogenheit zwischen dem Inneren und dem Äußeren.

Das Äußere ist einfacher. Und das Äußere ist objektiv. Zum Beispiel stellt *ein* Mann, Thomas Alva Edison, den elektrischen Strom her – und die gesamte Menschheit nutzt ihn. Es ist nicht nötig, daß jeder einzelne ihn immer wieder von neuem entdeckt.

Das innere Wachstum ist ein total anderes Phänomen. Ein Gautam Buddha mag erleuchtet werden, aber das heißt nicht, daß jeder andere auch erleuchtet wird. Jedes Individuum muß die Wahrheit ganz für sich allein finden.

Alles also, was im Äußeren geschieht, sammelt sich immer weiter an; es stapelt sich. Aller wissenschaftlicher Fortschritt stapelt sich. Jeder Wissenschaftler steht auf den Schultern eines anderen Wissenschaftlers.

Aber die Evolution des Bewußtseins folgt nicht dem gleichen Gesetz. Jeder einzelne muß es für sich entdecken. Er kann nicht auf den Schultern eines anderen stehen. Alles Objektive kann man gemeinsam nutzen – kann in den Schulen, in den Akademien, in den Universitäten gelehrt werden. Aber das gilt nicht für die subjektive Welt.

Ich mag alles über die innere Welt wissen. Trotzdem kann ich es nicht an euch weiterreichen. Es gehört zu den fundamentalen Gesetzen der Existenz, daß die innere Wahrheit von jedem einzelnen entdeckt werden muß, durch seine eigene Anstrengung. Sie läßt sich nicht auf dem Marktplatz kaufen, und sie läßt sich auch nicht stehlen. Niemand kann sie dir zum Geschenk machen. Sie ist keine Ware. Sie ist nicht stofflich. Sie ist eine unstoffliche Erfahrung.

Ein Meister kann durch seine Individualität Zeugnis dafür ablegen, durch seine Präsenz, durch sein Mitgefühl, durch seine Liebe, durch seine Stille. Aber dies sind nur Beweise dafür, daß im Inneren dieses Menschen etwas geschehen ist. Er kann euch Mut machen. Er kann euch versichern, daß ihr nicht umsonst den Weg nach innen geht: „Ihr werdet den gleichen Schatz finden, den ich gefunden habe."

Jeder Meister ist nichts als ein Argument, ein Beweis, ein Augenzeuge. Doch die Erfahrung bleibt eine individuelle. Wissenschaft wird gesellschaftlich. Technik wird gesellschaftlich. Meditation bleibt individuell. Das ist das Grundproblem – wie läßt sich ein Gleichgewicht herstellen?

Alle Zivilisationen der Vergangenheit... Es gab eine Zivilisation auf Atlantis, einem riesigen Kontinent, der im Atlantischen Ozean versunken liegt; auch sie wurde als Mythos betrachtet; aber jüngste Nachforschungen haben ergeben, daß es tief unter dem Meeresspiegel, acht Kilometer tief, Überreste großer Städte gibt.

Und das gleiche ist auf einem anderen Kontinent geschehen, kleiner als Atlantis – Lemuria. Auch der ist im Meer versunken. Dem oberflächlichen Beobachter muß es so scheinen, als wäre eine Naturkatastrophe der Grund gewesen: „Vielleicht ein großes Erdbeben, eine Verschiebung der Erde, eine Überschwemmung dieser großen Städte durch das Meer, Vulkanausbrüche... Aber es muß sich irgendeine Naturkatastrophe ereignet haben."

Doch soweit ich sehen kann, wurden diese „Naturkatastrophen" ebenfalls durch uns selbst verursacht.

Diese Zivilisationen müssen irgendwelche Dummheiten begangen haben, die diese Katastrophen ausgelöst haben.

Du fragst: „Hat es nicht schon früher hochentwickelte Zivilisationen auf der Erde gegeben?" Es hat sie gegeben, aber sie alle sind im gleichen Schlamassel gelandet wie wir heute. Sie alle sind in die gleiche Dunkelheit eingetreten, in die wir heute eintreten.

„Und dennoch ist ihr Bewußtsein verloren gegangen und mußte der Mensch wieder ganz von vorn anfangen." Ihr Bewußtsein ist nicht verloren gegangen – sie hatten kein Bewußtsein. Sie hatten nichts als das gleiche oberflächliche Bewußtsein, das wir haben.

Was tut *ihr*, um das Unglück zu verhindern, das mit jedem Tag näherkommt? Der Tod dieser Erde ist nicht weit weg – höchstens zwanzig Jahre, fünfundzwanzig Jahre. Und das ist eine sehr optimistische Ansicht. Für den Pessimisten kann es schon morgen soweit sein.

Aber selbst wenn man euch noch fünfundzwanzig Jahre gibt, was werdet ihr tun, um das menschliche Bewußtsein so zu heben, daß wir den globalen Selbstmord verhindern können, der uns bevorsteht?

Die einzige Möglichkeit, dies zu verhindern, ist, mehr meditative Energie auf der Welt zu erzeugen. Aber die Welt ist so wahnwitzig, daß es kaum zu fassen ist.

Der Polizeikommissar von Poona hat verlangt, daß Polizeibeamten erlaubt werden soll, jeden meiner Vorträge auf Band aufzunehmen, zu untersuchen und zu redigieren! Man würde uns dann mitteilen, welche Teile beibehalten und welche Teile herausgeschnitten werden sollten. Wer hätte je gehört, daß Polizisten auch nur verstehen, was Meditation ist?

Er hat verlangt, daß ehrbare Bürger Poonas einen Ausschuß bilden sollen, und als Ausschuß sollen sie herkommen und zu all unseren Meditationen, unseren Therapiegruppen und zu unseren Diskursen hingehen, und dann sollen sie einen Bericht darüber abliefern, ob das, was passiert, rechtens ist oder nicht. Wer sind die ehrbaren Bürger Poonas, und was wissen sie über Meditation? Was wissen sie über Psychotherapien? Was wissen sie über sich selbst?

Aber das ist die Welt, in der wir leben. Angesichts solcher absurder Ansinnen gibt man alle Hoffnung für die Zukunft auf. Sagt stattdessen den Bürgern von Poona lieber, sie sollten herkommen und hier meditieren, schickt die Polizisten, um an Therapiegruppen teilzunehmen, um an Meditationen teilzunehmen... denn eine andere Möglichkeit gibt es nicht!

Wenn jemand die Vipassana-Meditation macht, was gibt es da zu beobachten? Alles, was dabei passiert, passiert so tief im Inneren des Menschen; still mit geschlossenen Augen sitzt er da. Diese Leute können den Zeitungen allenfalls berichten, daß ich die Leute lehre, faul zu sein, dazusitzen und nichts zu tun. Natürlich können sie nicht sehen, was drinnen passiert. Sie haben keine Ahnung, was in einhundert Jahren auf dem Gebiet der Psychologie passiert ist, und sie haben keine Ahnung, was in zehntausend Jahren auf dem Gebiet der

Meditation passiert ist – wieviele Meditationsmethoden entwickelt wurden, wieviel tiefer der Mensch gekommen ist.

Wer sind diese ehrbaren Bürger? Ihre Ehrbarkeit mag daher rühren, daß der eine ein Krankenhaus gestiftet hat, der andere ein College gegründet – oder Geld für die Waisen oder für die Armen gespendet hat. Alles schön und gut, wir haben nichts dagegen einzuwenden. Aber aufgrund solcher Dinge werden sie nicht zu Experten in Meditation. Und sie werden auch nicht zu Experten in Therapie.

Sie können nicht einmal zwölf von den Erleuchteten dieser Welt beim Namen nennen, und sie wollen redigieren, was ich sage! Was wird ihr Kriterium sein? Sie wissen nichts von der inneren Welt. Sie wissen nichts von den höchsten Gipfeln des Bewußtseins. Sie haben vermutlich noch nie Ausdrücke gehört wie „tathata – So-sein" oder „anatta – Nicht-Selbst". Aber so verrückt ist der Mensch, daß er sogar über Gautam Buddha und Mahavira urteilen möchte, und über Basho und Sarmad... ohne auch nur das ABC ihrer Welt zu kennen.

Unsere einzige Anstrengung hier besteht darin, das Bewußtsein einiger weniger Menschen zu heben und sie dann in weit entfernte Winkel der Erde zu schicken, damit sie, wo immer sie sind, mithelfen können, das Bewußtsein der Menschheit zu heben.

Wenn der Mensch in den kommenden zwanzig Jahren durch eine Revolution geht, zu einem neuen Bewußtsein gelangt, dann kann vielleicht das, was bisher immer geschehen ist, für diese Zivilisation noch abgewendet werden. Und wir sollten alles daransetzen, um es abzuwenden.

Und schließlich fragst du: „Im Augenblick scheint die Zeit besonders dunkel zu sein." Das stimmt. Und sie wird immer dunkler werden, es sei denn, jeder wird zu seinem eigenen Licht und verbreitet Licht um sich herum; es sei denn, jeder teilt sein Licht und sein Feuer mit denen, die durstig und hungrig danach sind. Die Morgendämmerung wird nicht automatisch kommen. Ihr müßt ganz bewußt jede nur denkbare Anstrengung unternehmen, um dem Bewußtsein zu helfen.

Ehe die Ozeane zwölf Meter steigen, müssen wir das Bewußtsein mindestens um zwölf Meter heben. Die Welt braucht mindestens zweihundert erleuchtete Menschen. Das werden die zweihundert Leuchttürme sein, an denen Millionen ihren Durst nach Wahrheit stillen können. Es ist ein großer Kampf gegen die Dunkelheit, aber auch eine große Chance und eine große Herausforderung und ein Abenteuer. Und ihr dürft darüber nicht ernst werden.

Ihr müßt es liebevoll tun, tanzend, mit all euren Liedern und mit all eurer Freude. Denn nur so ist es möglich, die Morgendämmerung herbeizuführen und die Dunkelheit zu zerstreuen.

Ja, es stimmt: Es gibt ein kosmisches Gesetz, das besagt, daß nur aus einem Schlamm der Lotus hervorgehen kann.

Die Politiker und die Priester aller Religionen, die Regierungen und die Bürokratien, sie alle machen Schlamm genug. Jetzt müssen wir Lotusse pflanzen. Geht nicht unter in ihrem Schlamm. Ihr müßt Samenkörner für Lotusse säen. Der Lotus-Same ist ein Wunder; er verwandelt den Schlamm in die allerschönste Blüte.

In Asien ist der Lotus geradezu angebetet worden – aus zwei Gründen. Zum einen, weil er aus dem Schlamm hervorwächst. Jeder Mensch ist nur Schlamm. Das Wort „human“ (menschlich) heißt einfach „Schlamm“, das arabische Wort „admi“ (Mensch) einfach Schlamm – weil Gott die Menschen aus Schlamm gemacht hat.

Aber es gibt die Möglichkeit, eine Lotusblüte zu pflanzen. Sie ist die größte Blüte überhaupt. Sie öffnet ihre Blätter nur, wenn die Sonne aufgeht und die Vögel zu singen beginnen und der ganze Himmel farbig wird. Und wenn die Dunkelheit kommt und die Sonne untergeht, schließt sie wieder ihren Blütenkelch. Sie liebt das Licht über alles.

Zum zweiten hat sie eine sehr schöne Eigenschaft: Ihre Blütenblätter, ja, alle ihre Blätter sind so samtig, daß sich nachts Tautropfen auf dem Kelch und auf den Blättern sammeln. In der frühen Morgensonne glänzen diese Tropfen fast wie Perlen; weit schöner noch, sie bilden Regenbögen um sich herum.

Aber das Allerschönste ist, daß diese Tropfen, obgleich sie auf der Blüte und auf den Blättern ruhen, das Blatt nicht berühren. Nur ein leichter Lufthauch, und schon gleiten sie zurück in den Ozean und hinterlassen auf den Blättern oder auf der Blüte keine Spur, keine Nässe.

Im Osten hat man darin immer eine tiefe Symbolik gesehen; denn im Osten sagt man, daß du in der Welt leben sollst, doch unberührt von ihr. Du sollst in der Welt bleiben, doch die Welt sollte nicht in dir bleiben. Du solltest so durch die Welt gehen, daß du keinen Eindruck, keinen Stoß, keinen Kratzer mit dir herumschleppst. Wenn du im Augenblick deines Todes sagen kannst, daß dein Bewußtsein so rein, so unschuldig ist, wie du es bei deiner Geburt mitgebracht hast, dann hast du ein religiöses, ein spirituelles Leben geführt.

Und so ist die Lotusblüte zum Symbol für eine spirituelle Lebensart geworden. Unberührt vom Wasser – sie wächst aus dem Schlamm im Wasser und bleibt dennoch unberührt. Und sie ist ein Symbol der Verwandlung. Schlamm wird in die allerschönste und duftendste Blume verwandelt, die dieser Planet kennt.

Gautam Buddha liebte den Lotus so sehr, daß er sein Paradies „das Lotusparadies" nannte.

Durch unsere tiefe Meditation und Dankbarkeit für die Existenz ist es möglich, daß diese Erde weiterwächst, mit mehr Bewußtsein, mit mehr Blüten. Sie kann zum Lotusparadies werden.

Aber dazu gehört ein gewaltiger Kampf für eine große Revolution im menschlichen Bewußtsein. Und jeder ist zu dieser Revolution aufgerufen. Steuert bei, was immer ihr könnt. Euer ganzes Leben muß der Revolution gelten. Ihr werdet keine andere Chance, keine andere Herausforderung bekommen für euer eigenes Wachstum und für das Wachstum dieses ganzen schönen Planeten.

Dies ist der einzige Planet in der gesamten Existenz, der lebendig ist. Sein Tod wäre eine große Tragödie.

Aber sie ist noch abzuwenden.

Ihr müßt zu Kämpfern für diese Revolution werden, um die verbrecherischen Kräfte, die bösen Kräfte, die sich anschicken, uns zu zerstören, aufzuhalten.

THE RAZOR'S EDGE – 2. März 1987, abends 1. Frage (Auszüge)

# Der einzige Ausweg ist der Weg nach innen

DIE KRANKHEIT DER heutigen Welt, das wachsende Elend, die Spannungen, sind das Ergebnis all der idiotischen Ideen, die die Menschheit früher beherrscht haben.

Alle Religionen sind hier verantwortlich. Das, was sie getan haben – ob wissentlich oder unwissentlich – ist die Ursache für das Unglück, das Leid und die Verzweiflung der ganzen Menschheit. Laßt uns über die wichtigsten Ursachen nachdenken, eine nach der anderen.

Als erstes: Alle Religionen haben euch die Vorstellung aufgezwungen, daß die Welt von Gott erschaffen wurde und daß Gott allwissend, allmächtig und allgegenwärtig ist. Er weiß alles. Er hält alle Macht in Händen. Er ist überall.

Diese Vorstellung hat den Menschen daran gehindert, ins Leben einzugreifen, um es besser und schöner zu machen. Wenn sich jemand, der allwissend, allmächtig und allgegenwärtig ist, bereits um die Welt kümmert, was bleibt da für dich zu tun übrig? Wie weit kannst du schon sehen? Was kannst du schon beitragen? Wenn Gott die Welt erschaffen hat, kannst du sie nicht verbessern. Wenn du etwas unternimmst, kannst du ihr höchstens schaden. Du kannst ihr nicht deinen Atem einhauchen, du kannst nicht klüger sein als Gott.

Diese Vorstellung ist einer der Hauptgründe für die ganze Qual, in der die Menschheit versinkt und möglicherweise zugrundegeht. Überlegt doch nur... Wie ich es sehe, gibt es keinen Gott, der die Welt erschafft, der sich um die Welt kümmert. Schiebt diese Verantwortung nicht auf jemanden, den es gar nicht gibt. Wir, die wir hier sind, tragen die volle Verantwortung, diese Chance zu nutzen oder zunichte zu machen.

Schafft Gott ab, und laßt den Menschen an seine Stelle treten, dann werdet ihr eine ganz andere Welt bekommen.

Das Leid ist völlig überflüssig. Diese Verzweiflung ist unsere eigene Dummheit.

Die Menschen können ein ungeheuer reiches, glückliches, ekstatisches Leben führen. Doch zuerst müssen sie die Verantwortung übernehmen.

Alle Religionen haben euch gelehrt, euch vor eurer Verantwortung zu drücken. Schieb sie auf Gott ... Und es gibt gar keinen Gott.

Ihr unternehmt nichts, weil ihr denkt, daß Gott schon alles richten wird – und es gibt keinen Gott, der etwas richtet. Was also erwartet ihr? Was immer geschieht, geschehen ist und noch geschehen wird, ist die natürliche Konsequenz dieser Idee von einem Schöpfergott.

Würde man dagegen dem Menschen sagen: „Es ist deine Welt. Du bist verantwortlich für alles, was du bist, was du tust und für alles, was um dich her passiert; sei ein reifer Mensch; bleib kein Kindskopf", dann...

Aber so ein Gott läßt dich nicht reif werden. Seine Göttlichkeit ist auf deine Unreife angewiesen, darauf, daß du kindisch bist.

Je dümmer du bist, je leichtgläubiger du bist, desto mächtiger ist dieser Gott. Je intelligenter du bist, desto kleiner ist dieser Gott.

Sobald du wirklich intelligent bist, gibt es keinen Gott mehr.

Dann gibt es nur noch diese Existenz, und es gibt nur noch dich; dann sei du der Schöpfer. Doch der Schöpfergott gestattet nicht, daß du der Schöpfer wirst.

Mein ganzes Anliegen ist, daß du der Schöpfer werden sollst. Du mußt deine schöpferischen Energien freisetzen. Und das kann nur geschehen, wenn dieser Gott, der nichts weiter ist als ein Godot, abgeschafft wird, völlig aus deiner Weltanschauung verschwindet.

Gewiß, am Anfang wirst du dich sehr leer fühlen, denn der Platz, den der Gott in dir eingenommen hatte... Millionen von Jahren war er da, das Allerheiligste in deinem Herzen ist erfüllt gewesen von einer Gottesvorstellung. Jetzt, nachdem du sie plötzlich rausgeworfen hast, wirst du dich leer, ängstlich, verloren fühlen. Doch es ist gut, sich verloren zu fühlen. Es ist gut, sich ängstlich zu fühlen. Es ist gut, verloren zu sein. Weil es die Wirklichkeit ist, weil das, was du zuvor empfunden hattest, nur eine Fantasie gewesen ist. Und Fantasien helfen nicht viel.

Sie schenken dir vielleicht ein bißchen Trost, aber Trost ist keine gute Sache.

Was du brauchst, ist Transformation, nicht Trost. Was du brauchst, ist eine Behandlung all deiner Krankheiten, die du mit dir herumträgst, nicht Trost.

Zu allererst also: Schaffe Gott ab. Warte nicht auf irgendeinen Godot. Es gibt keinen. Und es hat auch niemals einen gegeben.

Friedrich Nietzsche hat gesagt... Ich widerspreche ihm, aber mein Einspruch ist ein völlig anderer als der Einspruch, den alle anderen gegen ihn erhoben haben... Nietzsche sagt: „Gott ist tot." Natürlich erhoben die Christen Einspruch, erhoben die Mohammedaner Einspruch, erhoben die Hindus Einspruch, erhoben die Buddhisten Einspruch. Alle Welt war gegen Friedrich Nietzsche. Auch ich widerspreche ihm, doch mein Einspruch ist der, daß Gott nur deshalb nicht tot ist, weil er nie lebendig war. Schon die Formulierung „Gott ist tot" setzt voraus, daß es ihn erst gab und jetzt nicht mehr gibt. Nein. Es hat ihn von Anfang an nicht gegeben. Die Menschheit hat in einem Wahn gelebt.

Und die heutige Situation, dieses Elend, diese ständig wachsende Spannung... Die Spannung ist so groß geworden, daß in den meisten hochentwickelten Ländern, die zweitgrößte Todesursache nicht eine Krankheit, sondern Selbstmord ist. Man fühlt sich so total angespannt, tagein, tagaus, und es scheint keinen Ausweg zu geben. Die Verzweiflung nimmt zu, und man weiß nicht einmal den Grund, warum wir leiden. Warum sollten wir leiden? Was haben wir denn getan?

Das Leben an sich scheint sinnlos zu sein. Der intelligente Mensch kommt in seinem Leben an einen Punkt, wo er sieht, daß alles vergeblich und sinnlos ist.

Warum soll man sich dann noch weiterschleppen? Warum nicht Schluß machen? Warum nicht alles hinschmeißen? Das Leben hat dir doch nichts als Unglück gebracht. Es wird dir auch in Zukunft nichts anderes als Unglück bringen. Sicher gibt es irgendwo ein Betäubungsmittel. Die Hoffnung... vielleicht sieht morgen ja alles anders aus. Vielleicht kannst du, wenn auch nicht heute, dann morgen ein paar glückliche Momente erwischen.

Doch selbst dann... es scheint nicht der Mühe wert zu sein. Ein so langer Unglückstreck, und dazwischen ab und zu ein Augenblick, wo du lächeln, lachen kannst. Und kaum hast du gelächelt, dann ist er auch schon vorbei. Vielleicht war sogar dieser Augenblick auch nur deine Einbildung. Nur um dich selbst bei Laune zu halten, fängst du an, von Dingen zu träumen, die es gar nicht gibt. Du wünschst dir, es gäbe sie. Genau das ist übrigens die Funktion des Träumens.

Vielleicht haben 99,9% aller Menschen oder mehr Träume nötig – sechs Stunden nächtlicher Träume. Und glaubt ihr etwa das wäre alles?

Träumt ihr nicht auch tagsüber?

Macht die Augen zu, egal wann, und ihr werdet sehen, daß gerade ein Traum läuft. Der Traum ist immer da. Ihr hört mich sprechen, und schon ist ein Traum da. Ihr geht die Straße entlang, und in euch läuft der Traum. Natürlich ist im Wachzustand die Aufmerksamkeit geteilt. Man muß auf die Außenwelt achten, sonst denken die Leute, du bist weggetreten. Du bist nicht weggetreten, du bist nach innen getreten! Deine Aufmerksamkeit geht nicht mehr nach außen. Du bist von Träumen umwölkt und hast die objektive Welt vergessen. Jede Nacht sechs Stunden lang, und wieviele Stunden am Tag? Bisher hat noch niemand gemessen, wieviele Stunden es tagsüber sind. Ich glaube nicht, daß ihr tagsüber genauso ein paar traumlose Stunden habt wie nachts.

Ich glaube nicht, daß ihr zwei Stunden pro Tag habt, die frei sind von Träumen, denn wenn ihr zwei Stunden traumfrei sein könntet – völlig wach, würden diese zwei Stunden zu eurer Meditation. Sie würden euch ungeheuer wertvolle Geheimnisse enthüllen.

Doch die normale Menschheit, der Durchschnittsmensch, braucht Träume – warum? Weil das Leben in Wirklichkeit so unbefriedigend ist, so häßlich, so stinkend häßlich.

Diese Träume sind ein Ausgleich dafür. Sie sind schön, sie bringen Duft, Hoffnung, Fantasie in euer Leben. Sie helfen euch, geistig normal zu bleiben. Die Wirklichkeit würde euch verrückt machen.

Und für mich sind Gott, der heilige Geist und der Sohn, und der Papst, der unfehlbare Papst – natürlich muß er unfehlbar sein, er vertritt ja den Heiland, den eingeborenen Sohn Gottes, wie könnte er da fehlbar sein? – der unfehlbare Papst also...

Und in jeder Religion gibt es ähnliche Dinge. Ihr braucht diese Leute. Es sind Trugbilder, gezeugt aus eurem Unglück – gerissene Leute, die euer Unglück mißbrauchen und ihren eigenen Machttrip durchziehen.

Der Politiker braucht diese Leute genauso. Selbst ein verrückter Politiker wie Adolf Hitler braucht den Segen Gottes. Wenn es keinen Gott gibt, wer soll dann Adolf Hitler segnen? Also segnet ihn der höchste Christenpriester in Deutschland – seht ihr, so geschehen Wunder. Adolf Hitler wird von Gottes Priester gesegnet: „Du wirst siegen."

Churchill in England wird von einem Priester desselben Gottes gesegnet: „Du wirst siegen." Benito Mussolini wird vom Papst höchstpersönlich gesegnet: „Du wirst siegen." Und niemand sieht den Widerspruch, daß ein und derselbe Gott, ein unfehlbarer Papst... und dieser deutsche Priester untersteht dem Papst!

Doch der Papst muß Benito Mussolini segnen, sonst schmeißt Mussolini ihn raus und macht einen andern zum Papst, der bereit ist, ihn zu segnen. Benito Mussolini ist solange kein Faschist, wie er an der Macht ist. Der Papst sagt sogar: „Er ist der weiseste Mann, der demokratischste, der menschlichste" – Benito Mussolini! Und derselbe Papst wird Benito Mussolini, nachdem er verspielt hat, zum Faschisten erklären. Und das sind unfehlbare Leute! Jetzt steht ein neuer Politiker da, der gegen Benito Mussolini ist, der gesegnet werden muß. Sie werden auch ihn segnen.

Seht ihr nicht, daß das Ganze eine glatte Verschwörung ist zwischen dem Priester und dem Politiker? Die Massen werden zum Narren gehalten, der Priester gibt das okay von Gott, bescheinigt, daß dies der richtige Mann ist, um Präsident zu werden, daß dies der richtige Mann ist, Kanzler zu werden, Ministerpräsident zu werden. Natürlich braucht der Politiker das, denn die Massen werden auf den Priester hören: Der Priester ist unparteiisch, er hat nichts mit Politik zu tun, er steht über der Politik. Er steht mitnichten!

Was ich euch damit sagen will ist, daß diese Priester und Politiker seit jeher unter einer Decke stecken und sich gegenseitig in die Hände arbeiten. Der Politiker hat die politische Macht, der Priester hat die religiöse Macht. Der Politiker schützt den Priester, der Priester segnet den Politiker – und die Massen werden ausgebeutet, ausgesaugt: alle beide saugen sie ihnen das Blut aus.

Schafft Gott ab, und damit schafft ihr die Politiker ab, die Politik ab, den Priester ab, die ganze Verschwörung ab zwischen Priestern und Politikern. Und wenn diese beiden weg sind, sind fünfzig Prozent eures Unglücks verschwunden.

Und die Vorstellung von einem Gott gibt euch Träume von einem besseren Leben... nach dem Tod, im Paradies, oder in einer neuen Inkarnation. Keinen Grund zur Unruhe also – dieses Leben ist so unwichtig! Was spielt es schon für eine Rolle, was sind in Millionen und Abermillionen von Lichtjahren schon siebzig Jahre? Sie zählen überhaupt nicht. Und so haben die Religionen den Leuten immer gesagt: „Siebzig Jahre zählen gar nicht. Dieses Elend wird vorübergehen, und wenn ihr es vorübergehen laßt, ohne dagegen anzukämpfen, wird das nächste Leben, das Leben nach dem Tod, euch reich belohnen."

Das sind die Leute, die euch daran gehindert haben, irgendetwas auf der Welt zu verändern.

Vor allem haben sie die Transformation des Menschen verhindert, denn all das Leid, das ihr weit und breit seht, hat seinen Ursprung im Menschen.

Und solange der Mensch so bleibt wie er ist, wird diese Spannung weiter zunehmen, wird diese Quälerei weiter zunehmen.

Es ist sehr gut möglich, daß gegen Ende dieses Jahrhunderts die ganze Menschheit Selbstmord begehen, einen globalen Krieg entfesseln wird.

Und es ist nicht weiter schwierig, sich diese Möglichkeit genau auszumalen, denn die Leute, die an der Macht sind, die Leute, die über Atomwaffen verfügen, sind dermaßen beschränkt! Um ein erfolgreicher Politiker zu sein, muß man anscheinend total dumm, fanatisch und verlogen sein, muß man ständig Versprechungen machen, und dabei genau wissen, daß keine dieser Versprechungen eingelöst wird, muß man täuschen, muß man schöne Worte machen und schmutzige Tatsachen verbergen.

Heute ist jede Großmacht überladen mit Atomwaffen, in einem solchen Ausmaß, daß wir, wenn wir wollten, augenblicklich 700 Erden wie diese zerstören könnten. So viel nukleare Kraft steht zu Verfügung, bereit, jeden Menschen 700 Mal zu zerstören – obwohl es gar nicht nötig ist. Einmal ist genug. Aber die Politiker wollen kein Risiko eingehen. Ihre Gesichter sind nichts als Masken. Sie sagen das eine und tun das andere. Und all ihre Macht ist in den Händen solcher Leute. Jeder Banause kann auf den Knopf drücken und der ganzen Menschheit ein Ende machen – allem Leben auf dieser Erde!

Doch vielleicht wollen die Menschen ganz unbewußt ihr Leben loswerden. Vielleicht haben sie als Individuum nicht genug Mut, um Selbstmord zu begehen, sind aber als Masse bereit dazu.

Vergeßt nicht: Die großen Verbrechen werden nicht von einzelnen begangen. Es sind immer die Massen, die die großen Verbrechen begehen, denn in der Masse bekommt der einzelne nie das Gefühl: „Ich bin verantwortlich für das, was hier geschieht."

Er denkt: „Ich bin nur einer unter vielen." Wenn du als Individuum handelst, mußt du dreimal nachdenken, bevor du handelst. Was tust du da? Ist es richtig? Läßt dein Bewußtsein es zu? Anders in der Masse, in der Masse kannst du dich verlieren. Niemand wird je erfahren, daß auch du dabei gewesen bist.

Selbst ein Land wie Deutschland, das man als eines der intelligentesten, kultiviertesten, höchstentwickeltsten Länder bezeichnen kann, das große Dichter, Maler, Wissenschaftler, Philosophen hervorgebracht hat... Deutschlands Beitrag ist in jeder Hinsicht groß. Doch es ist nicht zu fassen, daß dieses Land unter die Macht Adolf Hitlers fallen konnte, der nichts anderes war als ein Geisteskranker.

Wie ist es passiert? Selbst ein Mann wie Martin Heidegger, der bedeutendste Philosoph unserer Zeit, unterstützte Adolf Hitler. Es ist ein so erschreckender Gedanke! Ich habe diesen Mann wegen seiner unvergleichlichen Intelligenz immer geschätzt. Er läßt andere Philosophen meilenweit hinter sich: Sartre, Marcel, Jaspers – meilenweit hinter sich. Niemand kann ihm das Wasser reichen. Ihn auch nur zu verstehen, ist schon schwer genug. Aber er unterstützte Adolf Hitler. Und als Deutschland den Krieg verlor und Adolf Hitler Selbstmord beging, war ihm, als erwachte er aus einem Traum. Jetzt begriff er, was er getan hatte: „Dieser Mann war einfach wahnsinnig, und ich habe ihn unterstützt."

Genau das meine ich: selbst mit weit offenen Augen ist es möglich, daß ihr träumt. Er hat geträumt, und er hat seinen Traum auf Adolf Hitler projiziert, weil er sah, daß dieser Mann Macht hatte, die Macht, Massen zu beeindrucken – was Martin Heidegger nicht konnte. Er konnte noch nicht einmal eine Rede halten, ohne daß jeder sofort den Raum verließ. Seine Art zu sprechen, die Dinge, über die er sprach, die Kompliziertheiten, mit denen er kam... wer wollte ihm schon zuhören?

Er hatte keine Macht über die Massen, und da sah er Adolf Hitler – die Massen wie gebannt, geradezu hypnotisiert. Also projizierte er, daß dieser Mann all seine Träume, wie die Welt zu sein hätte, in die Tat umsetzen könne. Aber er war ahnungslos. Er begriff nicht, daß dieser Mann seine eigenen Wahnsinnsideen darüber hatte, was er mit dieser Welt anstellen wollte, daß er auf keinen Philosophen hören würde. Und ausgerechnet Martin Heidegger war nun wirklich zu hoch für ihn. Hitler hätte noch nicht einmal eine einigermaßen vernünftige Unterhaltung mit ihm führen können.

Die Religionen haben den Menschen in Fiktionen leben lassen. Jetzt sind alle diese Fiktionen zerbrochen, und die Menschen haben nichts, wofür sie noch leben könnten – daher die Verzweiflung.

Verzweiflung ist kein gewöhnlicher Zustand von Angst. Angst bezieht sich immer auf ein bestimmtes Problem. Du hast kein Geld – du bekommst Angst; du hast nicht genug Kleidung, und der Winter kommt – eine gewisse Angst stellt sich ein. Du bist krank, du hast keine Medizin, und es kommt Angst auf. Angst bezieht sich auf ein bestimmtes Problem.

Verzweiflung kennt kein Problem als solches. Das Dasein selbst erscheint fruchtlos, sinnlos. Selbst das Atmen kommt dir wie eine überflüssige Belastung vor. Denn was wird morgen schon Besonderes passieren? Gestern hast du auch gedacht, daß morgen etwas passieren würde... Jetzt ist dies gestrige Morgen da, es ist als Heute gekommen – und nichts ist passiert. Und das geht nun schon seit Jahren so. Und du projizierst immer weiter auf morgen.

Es kommt ein Moment, wo du begreifst, daß nichts passieren wird. Dann kommt der Zustand der Verzweiflung. In der Verzweiflung scheint es nur noch eines zu geben: irgendwie aus dieser Tretmühle des Lebens auszubrechen – daher Selbstmord, die wachsende Selbstmordrate. Und eine unbewußte Sehnsucht in der Menschheit, daß bald der dritte Weltkrieg kommt... „Dann bin ich jedenfalls nicht selbst für meinen Selbstmord verantwortlich... dann hat der Weltkrieg alle getötet, und mich mit."

Doch die ganze Situation läßt sich ändern. Wir brauchen nur die Grundbedingungen des alten Menschen zu ändern: Schafft Gott ab, schafft Himmel und Hölle ab, schafft die Vorstellung einer zukünftigen Belohnung ab, und schafft die Vorstellung ab, daß irgendein Messias kommen wird, um euch von euren Leiden zu erlösen.

Schafft die Vorstellung ab, daß irgendein anderer für euer Leid und Unglück verantwortlich ist. Schafft die Vorstellung ab, daß jemand eurem Leben einen Sinn geben könnte.

Gott ist nicht da. Mit ihm verschwindet der heilige Geist, verschwindet der Sohn.

Gott ist der Angelpunkt der ganzen Fiktion. Beseitigt diesen Angelpunkt, und das ganze Kartenhaus fällt einfach in sich zusammen. Ein kleiner Peitschenhieb genügt.

Akzeptiere, daß du allein bist, allein geboren wurdest und allein sterben wirst. Und du mußt auch die Tatsache akzeptieren, daß du allein lebst – vielleicht unter lauter Menschen, aber du lebst allein – vielleicht mit deiner Frau, deiner Freundin, deinem Freund, aber auch sie sind allein in ihrem Alleinsein, so wie du allein bist in deinem Alleinsein.

Und euer Alleinsein berührt sich nicht, berührt sich niemals. Ob du mit jemandem 20 Jahre, 30 Jahre, 50 Jahre lang zusammenlebst, macht keinen Unterschied, ihr werdet euch fremd bleiben.

Immer und immer werdet ihr euch fremd sein. Nehmt es als gegeben hin: „Wir sind uns fremd, ich weiß nicht, wer du bist, und du weißt nicht, wer ich bin. Ich weiß selber nicht, wer ich bin, wie kannst du es also wissen?“ Doch die Leute setzen voraus, daß die Ehefrau den Ehemann kennt, der Mann setzt voraus, daß die Frau ihn kennt. Jeder benimmt sich so, als wäre jeder andere ein Gedankenleser und müßte erraten, bevor du es noch sagst, was deine Bedürfnisse, deine Probleme sind. Er sollte es wissen, sie sollte es wissen – und jeder sollte etwas unternehmen: Nun, das ist alles Unsinn.

Keiner kennt dich, nicht einmal du selbst, also erwarte nicht, daß dich irgendein anderer kennt; es liegt einfach nicht in der Natur der Dinge.

Wir sind Fremde. Zufällig vielleicht haben wir uns getroffen, sind wir zusammen, doch unser Alleinsein bleibt. Vergeßt es nicht, denn genau daran habt ihr zu arbeiten. Nur von dort aus führt der Weg zu eurer Erlösung, eurer Befreiung.

Doch ihr tut genau das Gegenteil: Ihr wollt unbedingt euer Alleinsein vergessen. Der Freund! Die Freundin! Ins Kino! Zum Fußballspiel! Verlier dich in der Menge, tanz in der Disco, vergiß dich, trink Alkohol, nimm Drogen, aber laß dir dieses Alleinsein nur ja nicht ins Bewußtsein dringen – und da liegt das ganze Geheimnis.

Du mußt dein Alleinsein akzeptieren, dem du durch nichts entkommen kannst. Und du kannst nichts an seiner Natur ändern. Es ist deine authentische Wirklichkeit. So bist du.

Und du läufst vor dir selber weg. Dann ist Unglück die Folge, dann wird es Probleme geben. Und indem du *ein* Problem löst, schaffst du zehn neue, und so weiter und so fort. Bald wirst du nur noch von Problemen umgeben sein, und du wirst in deinen eigenen Problemen ertrinken. Dann rufst du: „Warum nehmen die Spannungen immer mehr zu? Warum habe ich so zu leiden? Warum gibt es soviel Elend?“ – als ob jemand eine vorgefertigte Antwort darauf hätte. Ja, es gibt jemand, der sie hat, nämlich du.

Denn ich habe die Antwort in mir gefunden, und deshalb kann ich das auch mit aller Autorität sagen.

Ich leite meine Autorität nicht von Gott her, von keinem Messias, von keinen Veden, von keinem Koran, keiner Bibel, nein. Meine Autorität beruht auf meiner eigenen Erfahrung.

Mein ganzes Leben habe ich unter Tausenden von Menschen verbracht, doch ich habe keinen einzigen Moment lang vergessen, daß ich allein bin, daß mein Alleinsein unantastbar ist, niemand kann daran rühren. Es ist nur mir selber zugänglich, denn das bin ich.

In dem Moment also, wo du aufhörst vor dir selber wegzulaufen, dich mit allen möglichen Drogen zu betäuben – Beziehungen, Religionen, Dienst an der Menschheit – auch das machen einige... es ist nichts weiter als ihre Flucht vor sich selbst; aber ihr Ego ist sehr zufrieden, weil sie Dienst an der Menschheit üben...

Ich kenne viele solcher Diener, große Diener, und jedesmal, wenn ich zu ihnen sprach und sie auf den Punkt brachte und sie festnagelte, brachen sie alle buchstäblich in Tränen aus und sagten: „Vielleicht hast du recht, wir laufen vor etwas davon. Wir meinen, diesen armen Leuten zu dienen, aber es scheint, wir haben bis jetzt noch kein einziges von unseren eigenen Problemen gelöst." Dies scheint ein sehr beliebter Fluchtweg zu sein: Eigene Probleme lassen sich so beiseiteschieben. Und wie kannst du so selbstsüchtig sein, dich mit deinen eigenen Problemen zu befassen, während doch die ganze Menschheit leidet? Wenn alle leiden, hilf ihnen! Auf diese Weise kannst du unter einem schönen Vorwand deine Probleme beiseiteschieben – auch nur an sie zu denken, ist schon Selbstsucht.

Aber solange du voll von diesen Problemen steckst, wem kannst du da helfen, und wie? Du machst einen andern, dem du angeblich dienst, zum Mülleimer deiner Probleme. Der Mann lädt seinen Müll auf die Frau ab, die Frau lädt ihren Müll auf den Mann ab. Die Eltern laden ihren Müll auf die Kinder ab, und jeder lädt seine Probleme auf andere ab, ohne zu sehen, daß der andere genau dasselbe versucht.

Hört auf damit, Probleme auf andere abzuladen. Ihr müßt eure Probleme lösen, und jeder einzelne muß seine Probleme lösen.

Und soviele Probleme gibt es gar nicht. Es ist immer ein einziges Problem, das du nicht gelöst hast, welches eine Kette von ungelösten Problemen nach sich zieht.

Und das Problem ist: Wie kannst du ohne Angst in dein Alleinsein hineingehen? Und sobald du ohne Angst in dein Alleinsein hineingehst, ist es eine so herrliche und ekstatische Erfahrung, daß sie sich mit nichts vergleichen läßt.

Es ist überhaupt kein Problem, sondern die Lösung all deiner Probleme. Doch du hast ein Problem daraus gemacht, weil du auf andere gehört hast und ihnen gefolgt bist: ein Blinder, der blinden Führern und Priestern nachgelaufen ist. Und sie gehen alle im Kreis herum, und jeder glaubt, daß der Mann vor ihm sehen kann, und der wieder glaubt dasselbe von dem Mann davor. Er hält sich am Mantel- oder

Hemdenzipfel eines anderen fest, in dem Glauben, daß der weiß, wo es lang geht. Und sie alle gehen im Kreis herum; niemand weiß, wohin er geht. Die Anhänger folgen dem Führer, der Führer folgt den Anhängern…

Du mußt stehenbleiben und aus diesem dummen Spiel von Anhängern und Führern aussteigen. Du brauchst einfach nur du selbst zu sein und dich daran zu erinnern, daß du allein geboren wurdest und folglich Alleinsein deine Realität ist, daß du allein sterben wirst, und folglich Alleinsein deine Realität ist.

Und wie kann das Leben zwischen Geburt und Tod, zwischen diesen beiden Punkten, wo du absolut allein bist, etwas anderes sein? Es ist in jedem Augenblick allein.

Akzeptiere das also frohen Herzens und gehe so tief wie möglich hinein, gehe so oft wie möglich hinein.

Dies ist der Tempel meiner Religion. Er besteht nicht aus Stein und Marmor, er besteht aus deinem Bewußtsein.

Gehe hinein, und je tiefer du gehst, desto weiter weg sind die Probleme. In dem Moment, wo du den Kern deines Seins berührst, bist du zu Hause angekommen.

Und von diesem Punkt aus kannst du hinaustreten und alles tun, was du möchtest, und es wird den anderen eine Hilfe sein, es wird ihnen ein Dienst sein, es wird ihnen ein Geschenk sein. Du wirst keinen Müll mehr auf andere abladen.

Auf der einen Seite hat euch der Priester das Verlangen nach dem Jenseits, den Ehrgeiz nach dem Jenseits, nach dem Morgen eingepflanzt. Der Politiker andererseits verspricht euch das Diesseits… Du kannst Präsident werden! Jedermann kann in Amerika Präsident werden, alle Bürger sind gleich. Was für ein Unsinn. Keine zwei Bürger sind gleich, und nur der gerissenste wird Präsident werden, nicht alle. Jedenfalls nicht die, die eine Hilfe für andere sein könnten.

Nur ehrgeizige Leute können auf den höchsten politischen Posten egal welchen Landes kommen, denn es ist ein Wettrennen, und man muß abgrundtief ehrgeizig sein, um alles dafür aufs Spiel zu setzen. Und man darf sich nicht erst fragen, ob das, was man tut, recht oder unrecht ist. Man muß sein Ziel im Auge behalten und alles tun, was einem angebracht erscheint, um dem Ziel näherzukommen, aber ob es recht oder unrecht ist, danach wird nicht gefragt. Wenn du scheiterst, ist alles unrecht, wenn du Erfolg hast, ist alles recht. Erfolg ist recht, und Scheitern ist unrecht. Das ist es, was die Politiker jedem eingeimpft haben.

Laß alles fallen, was dir die Priester und Politiker eingeimpft haben, und indem du dich von diesem Ballast befreist, bekommst du einen ersten Lichtschimmer deines reinen Seins.

Das ist es, was ich Meditation nenne.

Einmal erfahren, transformiert sie für immer.

THE RAJNEESH BIBLE, Band I, Kapitel 15 (Auszüge); 1984

## EINIGE BIOGRAPHISCHE FAKTEN UND EREIGNISSE AUS DEM LEBEN VON BHAGWAN SHREE RAJNEESH

### Die Kindheitsjahre

1931 Bhagwan Shree Rajneesh wurde am 11. Dezember 1931 in Kuchwada, Madhya Pradesh, Indien, geboren, als ältester Sohn eines Tuchhändlers, der der Jaina-Religion angehörte. Er verbrachte seine ersten sieben Jahre bei seinen Großeltern, die ihm die absolute Freiheit gaben, alles zu tun, was ihm Spaß machte, und ihn in seinen frühen und intensiven Bemühungen, die Wahrheit über das Leben herauszufinden, nachdrücklich unterstützten.

1938 Nach dem Tod seines Großvaters zog er zu seinen Eltern nach Gadawara, einer Stadt von 20.000 Einwohnern. Seine Großmutter zog in die gleiche Stadt und blieb bis zu ihrem Tod im Jahre 1970 sein großzügigster Freund; auf dem Sterbebett erklärte sie sich zu einer Jüngerin ihres Enkels.

1946 Bhagwan erfuhr mit 14 Jahren sein erstes Satori. Mit den Jahren vertiefte er seine Experimente mit Meditation. Die Intensität seiner spirituellen Suche zog seine körperliche Gesundheit stark in Mitleidenschaft. Seine Eltern und Freunde fürchteten, daß er nicht lange leben werde.

### Die Universitätsjahre

1952 Im Alter von 21 Jahren, am 21. März 1953, gelangte Bhagwan zur Erleuchtung, der höchsten Stufe menschlichen Bewußtseins. An diesem Punkt, sagt er, fand seine äußere Biographie ihr Ende. Seitdem lebt er in einem egolosen Zustand der Einheit mit den inneren Gesetzen des Lebens. Äußerlich setzte er seine Studien an der Universität von Jabalpur fort, wo er mit höchsten Auszeichnungen in Philosophie im Jahre 1956 sein Examen machte. Er war der gesamt-indische Champion im Debattieren und erhielt die Goldmedaille der Universität.

1957 Bhagwan lehrte am Sanskrit-College von Rajpur. Ein Jahr später wurde er Philosophie-Professor an der Universität von Jabalpur. Er gab diesen Posten 1966 auf, um sich ganz der Aufgabe zu widmen, den heutigen Menschen die Kunst der Meditation zu lehren. Die ganzen sechziger Jahre über reiste er kreuz und quer durch Indien und weckte als „Acharya (Der Lehrer) Rajneesh", wo immer er auftrat, den Zorn des Establishments. Er stellte die Heuchelei der Herrschenden bloß, die, um ihre Machtpositionen zu wahren, dem Menschen den Zugang zu seinem allerersten Geburtsrecht verwehren wollen, dem Recht, er selbst zu sein. Er sprach zu Zuhörerschaften, die Zehntausende zählten, und erreichte die Herzen von Millionen.

Die Bombay-Jahre

1968 Er ließ sich in Bombay nieder, wo er wohnte und lehrte. Regelmäßig hielt er „Meditation Camps" ab, meist in einem Kurort des Himalajas, und führte erstmalig seine revolutionäre „Dynamische Meditation" ein, eine Technik, die hilft, den Verstand zum Stillstand zu bringen, indem sie ihm erst zur Katharsis verhilft. Von 1970 an begann er, Menschen in „Neo-Sannyas" einzuweihen, einen Weg der Selbstverpflichtung zur Wahrheitssuche und Meditation, unterstützt durch seine Liebe und persönliche Anleitung. Er wurde zum ersten Mal „Bhagwan" genannt – „Der Gesegnete".

1970 Die ersten Sucher aus dem Westen trafen ein, darunter viele akademisch und beruflich erfolgreiche Menschen. Bhagwans Name verbreitete sich allmählich vor allem in diesen Kreisen Europas, Amerikas, Australiens und Japans. Die jährlichen Meditations-Camps gingen weiter, und 1974 wurde ein neuer Ort in Poona gefunden, wo die Lehren intensiviert werden konnten.

Die Poona-Jahre

1974 Am 21. Jahrestag von Bhagwans Erleuchtung wurde der Aschram in Poona eröffnet. Der Radius von Bhagwans Einfluß wurde weltweit. Gleichzeitig wurde er erstmalig ernsthaft krank und zog sich mehr und mehr in die Privatheit seines Zimmers zurück, aus dem er zweimal täglich erschien: morgens zur „lecture“ und abends zum „darshan“, wo er Sucher beriet und initiierte. Therapiegruppen, in denen sich östliches Wissen um Meditation mit westlicher Psychotherapie verbanden, wurden entwickelt. Innerhalb von zwei Jahren erwarb sich der Aschram den Ruf, das „beste Wachstums- und Therapiezentrum der Welt“ zu sein.

Bhagwans Vorträge umfaßten alle großen religiösen Lehren der Welt. Gleichzeitig vermochte er, dank seiner außerordentlichen Bewandertheit in den Wissenschaften und der Philosophie des Westens, und nicht zuletzt dank seinem brillanten Stil und seiner glasklaren Argumentationsweise, für seine Zuhörer eine Brücke über die uralte Kluft zu schlagen, die Ost und West trennt. Seine Vorträge wurden von Tonband in Bücher übertragen und begannen, hunderte von Bänden zu füllen, die von Hundertausenden gelesen wurden. Ende der siebziger Jahre war Bhagwans Aschram in Poona zu einem Mekka für moderne Wahrheitssucher geworden.

Der indische Premierminister Morarji Desai, ein gläubiger, traditioneller Hindu, vereitelte alle Versuche von Bhagwans Schülern, ihren Aschram in einen entfernten Winkel Indiens zu verlegen, wo sie mit dem Experiment beginnen konnten, Bhagwans Lehren in einer autarken Kommune zu verwirklichen, voller Meditation, Liebe, Kreativität und Lachen.

1980 Es fand ein Versuch statt, Bhagwan während einer seiner Vorträge zu ermorden. Der Attentäter gehörte einer traditionellen Hindu-Sekte an. Während alle offiziellen Religionen und Kirchen Bhagwan in Ost und West anfeindeten, hatte Bhagwan inzwischen eine Viertelmillion Schüler in aller Welt.

Eine neue Phase – Rajneeshpuram, USA

1981 1. Mai: Bhagwan hörte zu sprechen auf und trat in eine Phase „stiller Herz-zu-Herz-Kommunion“ ein, während sein Körper, jetzt schwer an einem Rückenleiden erkrankt, ruhte. Er wurde von seinen Ärzten und Pflegepersonen in die USA gebracht, für den Fall einer Notoperation. Seine amerikanischen Schüler kauften eine 260 Quadratmeilen große Ranch in der Hochwüste von Oregon. Sie luden Bhagwan dorthin ein – wo er sich zusehends erholte. Um ihn her entstand mit atemberaubender Geschwindigkeit eine landwirtschaftliche Modell-Kommune, mit eindrucksvollen Ergebnissen: Verkarstetes und durch Übergrasung erodiertes Land wurde in eine blühende Oase verwandelt, die eine Stadt mit 5000 Einwohnern ernähren konnte. Zu jährlichen Sommerfestivals, die für Bhagwans Freunde in aller Welt abgehalten wurden, kamen bis zu 20.000 Besucher, die in dieser neuen Stadt namens Rajneeshpuram untergebracht und versorgt wurden. Parallel zu dem schnellen Wachstum der Kommune in Oregon schossen überall in den größeren Ländern des Westens, inklusive Japans, große Kommunen aus dem Boden, die vom Ertrag ihrer eigenen, unabhängigen Unternehmen lebten.

Bhagwan hatte inzwischen als religiöser Führer um Dauerwohnrecht nachgesucht, wurde aber von der amerikanischen Regierung abgelehnt; einer der angegebenen Gründe war, er könne aufgrund seines öffentlichen Schweigens kein religiöser Führer sein.

Gleichzeitig geriet die neugegründete Stadt Rajneeshpuram zunehmend unter juristischen Beschuß seitens der Regierung von Oregon und der christlichen Mehrheit im Staat. Die Landnutzungsgesetze, dazu gedacht, die Umwelt zu schützen, wurden zur Hauptwaffe im Kampf des Staates gegen eine Stadt, die eine enorme Anstrengung unternommen hatte, um verlorenes Land zurückzugewinnen und die Umwelt gesunden zu lassen – gegen eine Stadt, die zu einem ökologischen Modell für die ganze Welt geworden war.

Im Oktober 1984 fing Bhagwan wieder an, zu kleinen Gruppen in seinem Haus zu sprechen, und begann im Juli 1985, öffentliche Vorträge zu halten, die allmorgendlich vor Tausenden von Suchern im Rajneesh Mandir stattfanden.

1985 Am 14. September reiste Bhagwans persönliche Sekretärin mit mehreren Mitgliedern des Managements der Kommune plötzlich ab, und ein ganzes Geflecht von Straftaten, die von ihrer Gruppe begangen worden waren, kamen ans Licht. Bhagwan lud die Polizeibehörden in die Stadt ein, um den Fall an Ort und Stelle untersuchen zu lassen. Die Staatsorgane machten sich die Gelegenheit zunutze, um ihren Kampf gegen die Kommune zu beschleunigen.

Am 29. Oktober wurde Bhagwan ohne Haftbefehl in Charlotte, N.C., verhaftet. Bei der Kautionsverhandlung legte man ihn in Ketten. Der Flug zurück nach Oregon, wo er dem Richter vorgestellt werden sollte, dauerte statt normalerweise fünf Stunden acht Tage. Einige Tage lang war Bhagwan spurlos verschwunden. Später enthüllte er, daß man ihn im Staatsgefängnis von Oklahoma unter dem Namen „David Washington“ registriert und in eine Isolierzelle mit einem schwer Herpes-Kranken zusammengetan hatte – die Krankheit hätte für Bhagwan tödlich sein können. Noch eine Stunde vor seiner schließlichen Freilassung – nach einer zwölftägigen Dauerstrapaze in Gefängnissen und Ketten, wurde im schwerstbewachten Gefängnis Oregons in Portland, wo man Bhagwan festhielt, eine Zeitbombe gefunden. Das ganze Gefängnis wurde evakuiert – nur Bhagwan nicht, den man eine Stunde lang allein im Gebäude ließ.

Mitte November drängten ihn seine Anwälte, sich zu zwei von 34 geringfügigen Verstößen gegen die US-Einwanderungsregeln, die ihm zur Last gelegt wurden, schuldig zu bekennen, um sein Leben nicht weiterhin den Methoden der amerikanischen Justiz preiszugeben. Bhagwan willigte ein. Die sogenannte „Alfred-Klausel“, eine spezielle Möglichkeit der US-Justiz, erlaubte es ihm, den Vorwurf der Schuld – unter ausdrücklicher Wahrung der eigenen Unschuld – geltenzulassen. Er wurde zu einer Strafe von 400.000 Dollar verurteilt und bekam die Auflage, die USA zu verlassen und fünf Jahre lang nicht zurückzukehren. Er verließ noch am selben Tag die USA mit einem Privat-Jet und flog nach Indien, wo er sich im Himalaja ausruhte. Eine Woche später beschloß die Kommune in Oregon, auseinanderzugehen.

Kurz darauf gab Charles Turner vom US-Justizministerium auf einer Pressekonferenz eine Erklärung ab, die drei sehr aufschlußreiche Punkte enthielt. Befragt, warum die Straftaten, die man Bhagwans Privatsekretärin zur Last legte, nicht auch Bhagwan selbst angelastet würden, sagte Turner, daß für die amerikanische Regierung die Zerstörung der Kommune vorrangig war und man sich einig war, daß die Entfernung Bhagwans dies beschleunigen würde. Zweitens hätten sie keinen Märtyrer aus Bhagwan machen wollen. Drittens hätte es keinerlei Anzeichen dafür gegeben, daß Bhagwan in irgendeines dieser Verbrechen verwickelt gewesen sei.

Die Weltreise – eine Studie über Menschenrechte

| | |
|---|---|
| Dez. 1985 | Bhagwans neue Sekretärin, seine Begleiterin und sein Arzt wurden aus Indien ausgewiesen; man strich ihnen ihr Visum. Bhagwan flog nach Katmandu, Nepal, wo er seine täglichen Diskurse wiederaufnahm. |
| Feb. 1986 | Bhagwan ging mit einem 30-tägigen Touristenvisum nach *Griechenland*, wo er in der Villa eines griechischen Filmproduzenten wohnte und zweimal täglich zu sprechen begann. Der griechisch-orthodoxe Klerus drohte der Regierung, daß Blut fließen werde, falls Bhagwan nicht aus dem Lande geworfen werde. |
| 5. März 1986 | Polizei brach mit Gewalt in die Villa ein und verhaftete Bhagwan ohne Haftbefehl. Danach schob man ihn nach Athen ab, wo die Behörden nur durch eine Summe von 25.000 Dollar dazu zu bewegen waren, ihn nicht auf ein wartendes Schiff nach Indien zu verfrachten. |
| 6. März 1986 | Im Privat-Jet flog er in die *Schweiz*, wo sein siebentägiges Visum bei der Ankunft von bewaffneter Polizei gestrichen wurde. Man erklärte ihn zur „persona non grata" wegen „Einwanderungsvergehen in den USA." Er flog weiter nach *Schweden*. Dort wurde er ebenso empfangen – von schwerbewaffneter Polizei. Er wurde zur „nationalen Gefahr" erklärt und aufgefordert, sofort weiterzufliegen.<br>Er flog nun nach *England*. Die Piloten waren jetzt gesetzlich zu einer Ruhepause von acht Stunden verpflichtet, die |

Bhagwan im Erste-Klasse-Transitsaal verbringen wollte. Dies wurde ihm verwehrt. Auch in einem Hotel durfte er die Nacht nicht verbringen, sondern man sperrte ihn und seine Reisegefährten in eine kleine, schmutzige Zelle, die von Flüchtlingen überfüllt war.

7. März 1986 Bhagwan und seine Gruppe flogen nach *Irland*, wo sie Touristen-Visa erhielten. Sie fuhren in ein Hotel in Limerick; doch am nächsten Morgen traf Polizei ein und forderte sie auf, sofort das Land zu verlassen. Dies war jedoch nicht möglich, da inzwischen *Kanada* eine Landung in Gander, zum Auftanken auf dem geplanten Flug nach *Antigua* in der Karibik, verweigert hatte.

Diese sehr ungewöhnliche Verweigerung des Rechts zum Auftanken wurde trotz der Bürgschaft verfügt, die Lloyds of London gegeben hatte, daß Bhagwan das Flugzeug nicht verlassen werde.

Unter der Bedingung, daß es keinen Medienrummel geben werde, gestatteten ihm die irischen Behörden, in Irland zu bleiben, bis die Weiterreise geregelt wäre. Während der Wartezeit entzog Antigua Bhagwan die Einreiseerlaubnis. *Holland* verweigerte auf Anfrage ebenfalls die Einreise Bhagwans. Die *Bundesrepublik Deutschland* hatte bereits in einem „vorbeugenden Erlaß" verfügt, daß Bhagwan nicht einreisen dürfe. In *Italien* blieb ein Antrag unbeantwortet, und er ist bis heute, achtzehn Monate später, noch nicht beantwortet...

19. März 1986 Im letzten Augenblick trat *Uruguay* mit einer Einladung auf den Plan. Und so flogen Bhagwan, seine Getreuen und Reisegefährten über Dakar, Senegal, nach Montevideo. Uruguay stellte ihm sogar Dauerwohnrecht in Aussicht. Jedoch zeigte es sich jetzt in Uruguay, warum alle Länder, in die er zuvor einreisen wollte, die Einreise verweigert hatten. Telexe mit „diplomatischen Geheiminformationen" (alle aus Nato-Regierungsquellen), in denen von INTERPOL die Rede war und von Gerüchten über „Schmuggel, Drogenhandel und Prostitution im Umkreis Bhagwans", waren jeweils rechtzeitig eingetroffen, um die Polizei in Alarmbereitschaft zu versetzen. Uruguay sollte bald Druck aus der gleichen Quelle zu spüren bekommen.

| | |
|---|---|
| 14. Mai 1986 | Die Regierung plante, in einer Pressekonferenz bekanntzugeben, daß Bhagwan Dauerwohnrecht in Uruguay zuerkannt worden war. An diesem Abend erhielt Sanguinetti, der Präsident von Uruguay, einen Anruf aus Washington, D.C.: Ihm wurde angedroht, daß die gegenwärtige US-Anleihe in Höhe von 6 Milliarden Dollar widerrufen und keine zukünftigen Gelder fließen würden, falls Bhagwan in Uruguay bliebe.<br>Bhagwan mußte Uruguay am 18. Juni verlassen.<br>Am folgenden Tag gaben Präsident Reagan und Präsident Sanguinetti in Washington ein zusätzliches US-Darlehen an Uruguay in Höhe von 150 Millionen Dollar bekannt. |
| 19. Juni 1986 | *Jamaica* gewährte Bhagwan ein zehntätiges Visum. Nur wenige Augenblicke, nachdem er dort gelandet war, landete eine Maschine der US-Airforce mit zwei Zivilisten an Bord. Am nächsten Morgen wurde Bhagwans Gruppe das Visum gestrichen.<br>Bhagwan flog nun via Madrid nach Lissabon und blieb eine Zeitlang „unentdeckt". Als jedoch das Haus, in dem er sich ausruhte, von Polizei umstellt wurde, beschloß Bhagwan, am nächsten Tag nach Indien zurückzukehren.<br>Insgesamt hatten ihn einundzwanzig Länder entweder deportiert oder ihm die Einreise verweigert. |
| 29. Juli 1986 | Bhagwan traf in Bombay, Indien, ein, wo er sich für sechs Monate als persönlicher Gast eines indischen Freundes niederließ. In der Privatheit des Gastgeberhauses nahm er seine täglichen Vorträge auf. |
| 4. Jan. 1987 | Bhagwan bezog dasselbe Haus im Aschram in Poona, wo er den größten Teil der siebziger Jahr gewohnt hatte.<br>Der Polizeichef von Poona befahl Bhagwan augenblicklich, die Stadt zu verlassen, da er ein „unwillkommener Gast" sei. Durch eine sofortige Verfügung des Obersten Gerichtshofs in Bombay wurde der Befehl aufgehoben.<br>Der gleiche Hindu-Fanatiker, der Bhagwan im Mai 1980 während eines öffentlichen Vortrages zu ermorden versucht hatte, indem er ein Messer auf ihn warf, begann nun, aggressive Handlungen anzudrohen: Er wolle mit einem Kommando von 200 karatetrainierten Männern in den |

Aschram eindringen, falls Bhagwan nicht aus Poona verbannt würde.

Aug. 1987 Zum Zeitpunkt der Drucklegung sind bereits – trotz aller Bemühungen der Regierungen der „freien Welt“, Bhagwan sozusagen in einem „internen Exil“ zu isolieren – Tausende seiner Schüler nach Poona gereist, um erneut mit ihrem Meister zusammenzusein.